三全育人

"一站式"学生社区综合管理手册

主编：宋艳春　母则闯

入学引航　挺膺担当

参编人员：俞　鑫　黄小萱　高群玲　鄢祖玲
　　　　　姚建宏　陈锖锖　赖思莹　黄启全

图书在版编目（CIP）数据

三全育人 ：“一站式”学生社区综合管理手册 / 宋艳春，母则闯主编. -- 厦门 ：厦门大学出版社，2024.9. -- ISBN 978-7-5615-9479-7

Ⅰ. G717.4-62

中国国家版本馆 CIP 数据核字第 2024UQ0792 号

责任编辑	王洪春　张　洁
策划编辑	张佐群
美术编辑	蔡炜荣
技术编辑	朱　楷

出版发行　厦门大学出版社

社　　址　厦门市软件园二期望海路 39 号

邮政编码　361008

总　　机　0592-2181111　0592-2181406（传真）

营销中心　0592-2184458　0592-2181365

网　　址　http://www.xmupress.com

邮　　箱　xmup@xmupress.com

印　　刷　厦门市明亮彩印有限公司

开本　889 mm×1 194 mm　1/32

印张　14.5

字数　330 千字

版次　2024 年 9 月第 1 版

印次　2024 年 9 月第 1 次印刷

定价　48.00 元（共 6 册）

本书如有印装质量问题请直接寄承印厂调换

厦门大学出版社
微信二维码

厦门大学出版社
微博二维码

目 录

第一篇　初识东海　扬帆启航 ……………………………… 1
　　一、学校概况 ………………………………………… 1
　　二、办学理念 ………………………………………… 2
　　三、校训、校歌、校标 ……………………………… 2
　　四、校园设施与环境 ………………………………… 5

第二篇　致知力行　崇真至善 ……………………………… 8
　第一节　思想引领 ……………………………………… 8
　　一、党的二十大精神 ………………………………… 8
　　二、习近平新时代中国特色社会主义思想 ………… 19
　　三、发展党员工作的基本程序 ……………………… 24
　　四、发展团员工作的基本程序 ……………………… 25
　　五、党团应知应会 …………………………………… 29
　第二节　厚德载物 ……………………………………… 39
　　一、爱国奉献 ………………………………………… 39
　　二、诚实守信 ………………………………………… 44

三、勤劳敬业 …………………………………… 47

　　四、礼貌待人 …………………………………… 50

　　五、律己宽人 …………………………………… 53

第三节　德才兼备 …………………………………… 55

　　一、学习适应能力 ……………………………… 55

　　二、环境适应能力 ……………………………… 59

　　三、人际交往适应能力 ………………………… 62

　　四、创新能力 …………………………………… 68

　　五、团队精神 …………………………………… 72

第四节　自信担当 …………………………………… 76

　　一、志愿服务与政策 …………………………… 76

　　二、社会实践 …………………………………… 80

　　三、校地共建 …………………………………… 85

第三篇　拓展素质　智赢未来 ……………………… **89**

第一节　理想信念是航灯 …………………………… 89

　　一、理想信念的含义与特征 …………………… 89

　　二、理想信念对大学生成长成才的意义 ……… 93

第二节　学团活动是舞台 …………………………… 94

　　一、团支部的工作职责 ………………………… 94

　　二、班委会的工作职责 ………………………… 98

　　三、高校学生干部应具备的素质 ……………… 101

第一篇　初识东海　扬帆启航

一、学校概况

厦门东海职业技术学院创办于 2002 年 8 月，是经福建省政府批准、教育部备案，纳入全国高考统招计划，具有独立颁发全日制高等教育学历文凭资格的民办高等职业学校。2013 年 9 月，全国地产百强企业泉舜集团获得学校举办权，至今已累计投入超过 5 亿元人民币用于学校各项办学活动，有效推动学校教育事业进入良性发展的快车道。

学校坐落于厦门市同安区，占地 172 858 平方米（260 亩），设有健康产业学院、信息工程学院、传媒与艺术学院、商学院、工程技术学院、航空旅游学院、教师教育学院、公共教学部、思想政治教学部等 9 个二级院（部）。目前拥有在校生近万人。

学校是福建省首批"二元制"技术技能人才培养模式改革试点单位和现代学徒制试点单位，已顺利通过两轮高职人才培养工作评估，连续多年被评为"市民最喜爱的厦门职业院校"，获得"福建省节水型高校""厦门市 5A 级平安校园""厦门市绿色学校"等多项荣誉。

学校实施"人才强校"战略，以打造高水平"双师型"教师队伍为抓手，加强师资队伍建设；倡导以赛促教、以赛促学，组织师生参加各级各类技能大赛，强化专业能力培养；深化产教融合、工学结合，积极构建校政企一体的产教融合共同体，提升联合培养人才水平；注重文化引领、责任担当，通过校园"海"文化延伸思想政治教育工作，传递校园正能量。

学校深度聚焦厦门产业结构调整、转型升级和"一带一路"的发展需求，立足服务厦门10个千亿产业，不断优化专业结构，强化特色专业发展。目前设有11个专业大类，33个高职专业。其中，健康服务专业群是"福建省高水平职业院校和专业建设计划"A类建设项目，也是厦门市职业院校服务产业特色专业群立项项目。此外，还有2个省级现代学徒制专业、1个市级现代学徒制专业、1个省级示范专业、1个市级高水平专业和3个市级重点专业。

二、办学理念

为师生谋幸福，为社会担责任。

三、校训、校歌、校标

校训：致知力行，崇真至善。

校歌：《东海之歌》。

东海之歌

作曲：吴火荣

作词：刘以光

1=Eb $\frac{2}{4}$ ♩=128 （朝气蓬勃地）

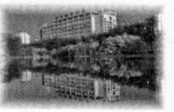

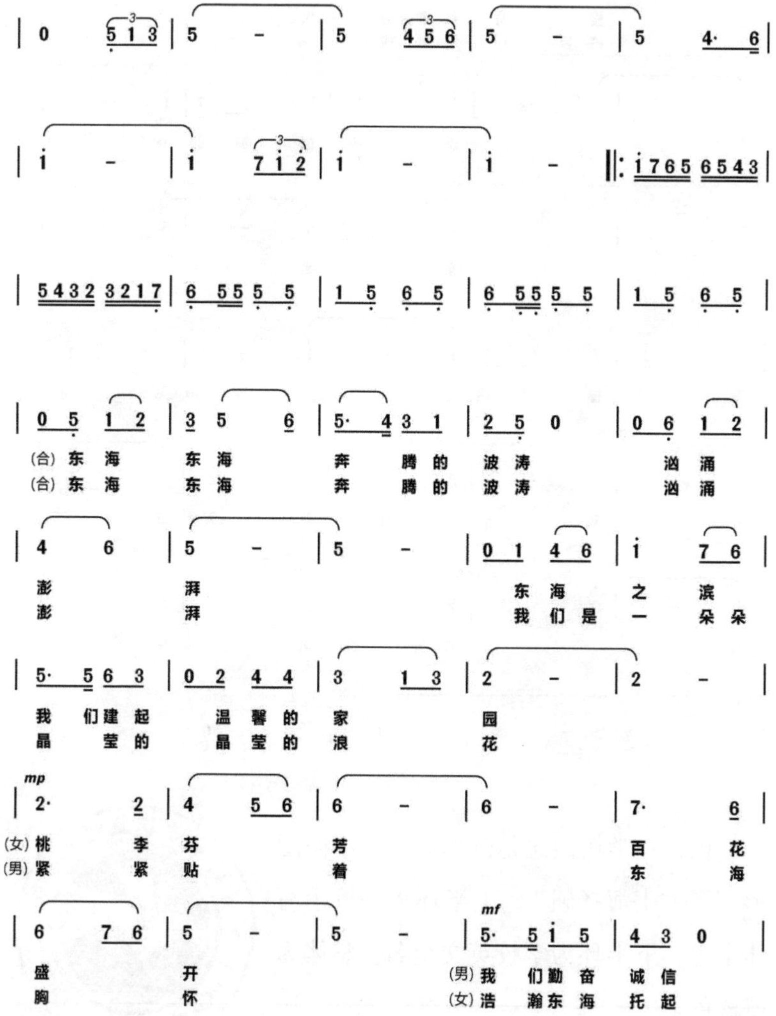

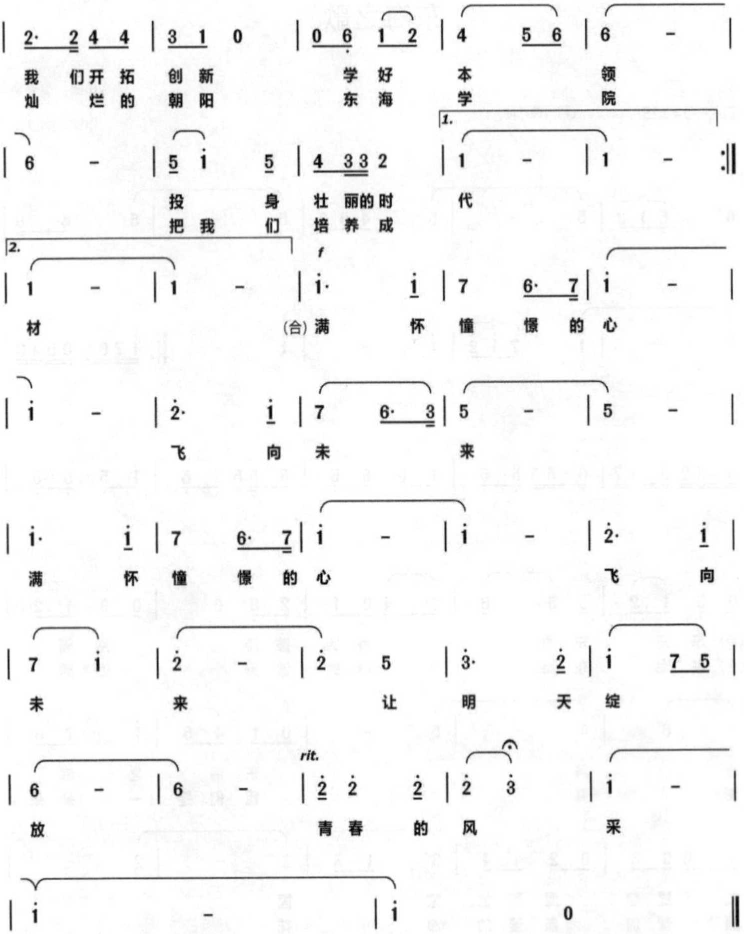

入学引航　挺膺担当

校标：学校徽志是圆形徽标，中间图形寓意"书海扬帆"，上半环为学校手写体全名，下半环为学校英文全名。整体为海蓝色。

四、校园设施与环境

学校校园体现秀丽的江南园林和现代化建筑的完美结合：湖畔杨柳依依，小桥流水，红花绿影，亭台楼阁，现代化教学楼、办公楼和学生公寓楼群错落其间，智能化系统遍及教学、办公场所，学生公寓、办公楼都配备电梯，学习生活设施配备齐全。主校区毗邻同安影视城，校内亭台水榭精致典雅，校外民俗文化氛围浓厚，风景如画。

（一）校园设施

1. 生活设施

东海食堂分为三层，快餐、米粉面条、汉堡比萨、饮品甜点、饺子粥饼、福鼎肉片、沙县小吃、家常菜和特色小吃应有尽有。8号楼至11号楼均为宿舍楼，可乘电梯上下楼，宿舍全部配有空调、生活柜、电脑桌、阳台、卫生间、热水器、洗衣间。女生宿舍全部上床下桌，4~6人间；男生宿舍两铺上下铺，两铺上床下桌，4~8人间。校园内配备生活超市、奶茶店、理发店、快递驿站等，生活服务齐全。

2. 公共设施

学校占地172 858平方米，目前教学及辅助用房面积达到86 493平方米，行政用房面积8 244平方米，学生宿舍面积58 590平方米。教学科研仪器设备资产总值2 846万元。

东海图书馆为师生提供便利的图书借阅服务，从经典名著到专业丛书，图书馆都能满足需求。教学楼与办公楼一体化，为师生提供便利。

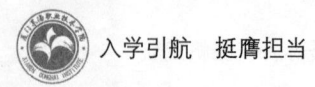 入学引航　挺膺担当

3. 教学设施

学校目前设有教师教育学院、健康产业学院、传媒与艺术学院、信息工程学院、商学院、航空旅游学院、工程技术学院7个二级学院。各学院根据所设专业配备相应实训室与现代化的教学设备，以及教学工具，这些设施用于支持教学活动。同时校园已建成一体化基础网络，实现有线、无线全覆盖，骨干宽带达万兆，使生活学习、教育教学等各方面更加便捷高效。2023年8月，总投资1.2亿元新建的5号教学楼（20 945平方米）和8号宿舍楼（11 466平方米）顺利竣工并投入使用。另外，投入1 362万元用于学校办学条件的改善。其中，投入574万元用于实训室、多媒体教室及多功能报告厅的建设，投入376万元用于修缮及安防设施改造，投入283万元用于校园信息化建设，投入129万元用于校园绿化环境建设等，办学条件得到极大改善。

2023年学校新建5号教学楼

第一篇　初识东海　扬帆启航

4.运动设施

学校配备操场、篮球场、足球场、田径场、健身房、羽毛球场、排球场、高尔夫球场，这些设施用于支持体育活动，有助于提高学生的身体素质，引导学生形成健康的生活方式。

5.交通设施

学校门口就是公交总站，公交出行方便。乘坐 602 路、619 路、624 路、641 路、655 路、692 路、同游 1 线、同游 2 线等多路公交直达东海学院站。学校紧邻厦门地铁 6 号线出口（建设中），距离厦门北站二三十分钟车程，交通便捷。

（二）校园环境

校园绿化覆盖率高，形成了"四季有鲜花，终年可见绿"的优美环境。夏季葱茏的树木为师生提供了一片乘凉之地，创造了清新凉爽的学习氛围。良好的绿化环境也为师生提供了亲近自然、寻觅一片清净的休憩之地的机会。东海湖位于校园教学楼旁，是东海学院的标志性景观之一。湖内种有荷花，淡水鱼游于其中，湖畔种满各种鲜花，时而可以看到白鹭的身影。学校毗邻同安影视城、梵天寺、梅山寺、北辰山，方便学生学习之余开展休闲娱乐和课外活动。

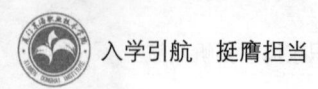 入学引航　挺膺担当

第二篇　致知力行　崇真至善

第一节　思想引领

一、党的二十大精神

中国共产党第十九届中央委员会第七次全体会议于 2022 年 10 月 9 日至 12 日在北京召开。中共中央政治局向党的十九届七中全会建议，中国共产党第二十次全国代表大会于 2022 年 10 月 16 日在北京召开。

习近平代表第十九届中央委员会向大会作了题为《高举中国特色社会主义伟大旗帜　为全面建设社会主义现代化国家而团结奋斗》的报告。习近平指出，中国共产党第二十次全国代表大会，是在全党全国各族人民迈上全面建设社会主义现代化国家新征程、向第二个百年奋斗目标进军的关键时刻召开的一次十分重要的大会。大会的主题是：高举中国特色社会主义伟大旗帜，全面贯彻新时代中国特色社会主义思想，弘扬伟大建党精神，自信自强、守正创新，踔厉奋发、勇毅前行，为全面建设社会主义现

第二篇 致知力行 崇真至善

代化国家、全面推进中华民族伟大复兴而团结奋斗。

习近平总书记在党的二十大报告中强调，完善党的自我革命制度规范体系，形成坚持真理、修正错误、发现问题、纠正偏差的机制，健全党统一领导、全面覆盖、权威高效的监督体系。这是着眼坚定不移全面从严治党、深入推进新时代党的建设新的伟大工程作出的战略部署，为党在长期执政条件下践行初心使命、始终赢得人民拥护，带领人民为实现第二个百年奋斗目标而团结奋斗提供了重要遵循。我们要深刻学习领会、坚决贯彻落实党的二十大战略部署，不断完善党的自我革命制度规范体系，不断开辟党的自我革命新境界。

（一）党的自我革命制度规范体系在新时代全面从严治党伟大实践中形成发展

党的十八大以来，以习近平同志为核心的党中央以前所未有的政治勇气和十年磨一剑的战略定力推进全面从严治党，找到了自我革命这一跳出治乱兴衰历史周期率的第二个答案，形成了一整套党自我净化、自我完善、自我革新、自我提高的制度规范体系，为党和国家事业取得历史性成就、发生历史性变革提供了重要制度保障。

（1）旗帜鲜明坚持和加强党的全面领导，坚定维护党中央集中统一领导的制度体系牢固确立。党的二十大报告指出，中国特色社会主义最本质的特征是中国共产党领导，中国特色社会主义制度的最大优势是中国共产党领导，中国共产党是最高政治领导力量，坚持党中央集中统一领导是最高政治原则。党的十八大以来的10年历程波澜壮阔、成就举世瞩目、变革彪炳史册，根本在于有习近平总书记领航掌舵，有习近平新时代中国特色社会主义思想的科学指引。在伟大斗争实践检验和党心民心选择中，党确立习近平同志党中央的核心、全党的核心地位，确立习近平新时代中国特色社会主义思想的指导地位，形成这"两个确立"是新时代最重大的政治成就，也是最重大的制度成果。党中央把保证全党服从中央、维护党中央权威和集中统一领导作为党的政治建设的首要任务，明确党的领导制度是我国的根本领导制度，不断改革完善党和国家机构职能体系和党领导各类组织、各项事业的具体制度，健全党中央对重大工作的领导体制，从制度上保证党的领导全面覆盖，保证党中央集中统一领导更加坚强有力。全党深刻领悟"两个确立"的决定性意义，增强"四个意识"、坚定"四个自信"、做到"两个维护"，凝心聚力向着夺取中国特色社会主义新胜利砥砺奋进。

（2）创立和完善全面从严治党责任制度，风清气正的党内政治生态不断形成和发展。党的十八大以来，全面从严治党从党中央做起、从高级干部严起，坚持抓住主体责任"牛鼻子"，以上率下、逐级压实责任，努力把负责、守责、尽责体现到每个党组织、每个领导岗位上。党的十八届三中全会提出落实党风廉政建设责任制，党委负主体责任，纪委负监督责任；党的十九届四中全会提出完善和落实全面从严治党责任制度；党中央制定修订《中国共产党问责条例》《党委（党组）落实全面从严治党主体责任规定》，在一系列重要党内法规中明确和细化责任规定。全面从严治党责任制度体系不断健全，有力推动党组织和党员干部知责于心、担责于身、履责于行，确保全面从严治党政治责任落到实处。

第二篇　致知力行　崇真至善

（3）构建不敢腐、不能腐、不想腐一体推进的体制机制，反腐败斗争取得压倒性胜利并全面巩固。党的十八大以来，以习近平同志为核心的党中央砥柱中流、力挽狂澜，以我将无我、不负人民的使命担当祛疴治乱，以非凡的魄力和定力开展史无前例的反腐败斗争，消除了党、国家、军队内部存在的严重隐患，党在革命性锻造中更加坚强有力。党中央坚持有腐必反、有贪必肃，建立党中央集中统一领导、各级党委统筹指挥、纪委监委组织协调、职能部门高效协同、人民群众参与支持的反腐败工作体制机制，形成发现一起、查处一起，动态清除、常态惩治的运行机制，创新查办重大案件制度机制，创造性运用"四种形态"政策策略；在查办案件全过程谋划推进以案促改、以案促治，推动深化改革、完善制度，强化正向引导和警示教育，不断铲除腐败滋生土壤，成功走出一条依靠制度优势、法治优势反腐败之路。

（4）形成落实中央八项规定精神常态化机制，党同人民群众血肉联系更加紧密。党的十八大以来，党中央从制定和落实中央八项规定开局破题，习近平总书记身体力行、率先垂范，中央政治局作出表率，带领全党以钉钉子精神纠治"四风"，反对特权思想和特权现象，坚决整治群众身边的不正之风和腐败问题，刹住了一些长期没有刹住的歪风，纠治了一些多年未除的顽瘴痼疾。聚焦人民群众反映强烈的问题建章立制，推动出台整治形式主义、官僚主义工作指导意见，完善津贴补贴发放、开会发文、公务用车、公务接待、国企商务接待、制止餐饮浪费等制度规定，健全扶贫、民生、扫黑除恶等领域专项治理工作机制，完善每月公布查处结果、重要节点通报曝光制度，扶正祛邪、久久为功。党风政风带动社风民风不断向上向善，党员干部与人民群众更加同心同德，党的群众基础和执政根基更加稳固。

（5）坚持依规治党、严格制度执行，党的建设科学化、制度化、规范化水平显著提高。党的十八大以来的10年，是党的历史上制度成果最丰硕、制度笼子最严密、制度执行最严格的时期。党中央把制度建设贯穿新时代党的建设各方面，完善党内法规制定体制，全方位、立体式推进党内法规制度建设，形成以党章为根本，以民主集中制为核心，以党的组织法规、党的领导法规、党的自身建设法规、党的监督保障法规为框架的党内法规体系，全面实现落实党的领导有制可循、从严管党治党有规可依。把纪律建设纳入新时代党的建设总体布局，把纪律挺在法律前面，制定修订关于新形势下党内政治生活的若干准则、廉洁自律准则、党内监督条例、组织处理规定，修订纪律处分条例、处分违纪党员批准权限和程序规定、巡视工作条例，强化执纪问责，全面提升纪律建设的政治性、时代性、针对性。坚持依规治党、加强自我革命制度建设成为"中国共产党之治"的独特密码。

（6）健全党和国家监督体系，党自我净化、自我完善、自我革新、自我提高能力不断增强。党的十八大以来，党中央把监督制度融入党和国家治理体系，设立国家和地方监察委员会，与同级纪律检查委员会合署办公，实现对公职人员监督全覆盖，以"一把手"和领导班子监督为重点，以党内监督为主导，推动人大监督、民主监督、行政监督、司法监督、审计监督、财会监

第二篇 致知力行 崇真至善

督、统计监督、群众监督、舆论监督贯通协调。立足增强监督全覆盖有效性，制定派驻机构工作规则，出台关于巡视巡察上下联动、整改和成果运用等规定，推动纪律监督、监察监督、派驻监督、巡视监督统筹衔接，形成常态长效的监督合力。发挥党员民主监督作用，修订党员权利保障条例，制定处理检举控告工作规则，不断拓宽监督渠道。党和国家监督制度"四梁八柱"初步建立，党的自我革命监督网逐步形成，中国特色社会主义监督制度优势不断转化为治理效能。

（二）党的自我革命制度规范体系发自党的初心使命，凝结新时代重大理论创新、实践创新、制度创新

全面从严治党是新时代党的自我革命的伟大实践。党的自我革命制度规范体系，充分体现了新时代全面从严治党的鲜明特征和宝贵经验，实现了党的自我革命理论创新、实践创新、制度创新成果的高度统一。

（1）彰显党的初心使命根本要求。中国共产党是坚持辩证唯物主义和历史唯物主义的马克思主义政党，代表最广大人民根本利益，从成立之日起就为了人民不断自我革命。百年党史充分表明，党的初心使命和人民立场使我们党最有底气和勇气进行自我革命，党的崇高追求、党和人民事业发展需要我们党坚持不懈将自我革命进行到底。党的性质和党的长期执政地位决定了，我们党在自觉接受人民监督的同时，能够主要依靠自身力量进行自我革命。跳出历史周期率的两个答案有机统一，人民监督是外在约束，要求我们党必须时刻保持人民性；自我革命是内在自觉，我们党的性质要求必须主动践行初心使命、不断适应人民需要。可

以说，党的初心使命是坚持自我革命的精神原点和动力源泉，党的自我革命制度规范体系是党坚守初心使命的重要保障。只有始终坚持自我革命、接受人民监督，不断完善自我革命制度规范体系，才能确保党永远不变质、不变色、不变味，团结带领人民谱写新时代中国特色社会主义更加绚丽的华章。

（2）贯穿党的自我革命战略思想。习近平总书记深刻总结党的百年奋斗历程特别是新时代伟大实践，创造性提出党的自我革命重大命题，精辟阐述伟大自我革命的战略意义、基本内涵、实践要求等一系列根本性长远性问题，深刻阐释内靠自我革命、外靠人民监督的辩证统一关系，极大深化了对建设什么样的长期执政的马克思主义政党、怎样建设长期执政的马克思主义政党的规律性认识。党的自我革命，是我们党不断进行全面自我改造，坚持自我净化、自我完善、自我革新、自我提高，持续增强党的先进性和纯洁性的长期过程。完善党的自我革命制度规范体系，必须坚持思想建党和制度治党同向发力，把习近平总书记关于党的自我革命战略思想贯彻到每一部党内法规的指导方针、工作原则、重大制度和具体举措中，使科学理论转化为制度规范、确立为行动遵循，通过发挥制度固根本、扬优势、补短板、利长远作用保障党的创新理论有效落实，不断使主观努力顺应客观规律、主观条件符合客观实际、主观作为满足客观需要、主观治理促进客观治理，形成依靠党自身力量发现问题、纠正偏差、推动创新、实现执政能力整体性提升的良性循环。

（3）汇聚全面从严治党实践成果。党的自我革命制度规范体系是在波澜壮阔的伟大斗争实践中形成和完善的，需要不断以

第二篇 致知力行 崇真至善

解决管党治党突出问题为着力点，把成功做法和新鲜经验提炼集成、固化深化。党的十八大以来，我们党针对以前一度出现的管党不力、治党不严问题，系统完善党的领导制度体系，聚焦"七个有之"严明政治纪律，带动各项纪律全面从严，推动全面从严治党责任落实，维护党的团结统一，保障党的理论和路线方针政策、党中央重大决策部署落地见效。聚焦群众反映强烈的作风问题，明确中央八项规定就是政治纪律，把纠正"四风"要求融入党内法规，一个问题一个问题突破，一个节点一个节点坚守，为党和国家事业开创新局提供有力作风保证。着眼遏制腐败蔓延势头，坚持不敢腐、不能腐、不想腐一体推进，制定推进受贿行贿一起查的意见、加强新时代廉洁文化建设的意见等规范性文件，巩固拓展反腐败斗争压倒性胜利。紧盯"关键少数"，制定加强对"一把手"和领导班子监督的意见，破解对"一把手"监督和同级监督难题。完善党和国家监督体系，推动修改宪法，设立国家和地方各级监察委员会，颁布实施监察法及其实施条例、公职人员政务处分法、监察官法，修改刑事诉讼法，促进执纪执法贯通、有效衔接司法。这些工作，都有力推动了党的自我革命制度规范体系的形成和完善。

（4）体现坚持制度治党重大创新。党中央把依规治党摆在事关党长期执政和国家长治久安的战略位置，突出制度建设鲜明政治导向，紧紧围绕坚持党的全面领导、维护党中央权威和集中统一领导、加强党的政治建设、坚守理想信念、正风肃纪反腐、敢于善于斗争、强化责任担当等加强党内法规制度建设，做到规纪必依、执行必严、违反必究。坚持依规治党和依法治国有机统一，把形成完善的党内法规体系纳入全面推进依法治国总目标，推进国家法律法规和党内法规制度相辅相成、相互促进、相互保障。坚持制度制定和制度执行并重，出台党内法规执行责任制等规定，督促领导干部带头遵规学规守规用规，坚决纠正有令不行、有禁不止行为，让法规制度真正"带电"，营造尊崇制度、遵守制度、维护制度的良好氛围。

（三）坚决贯彻落实党的二十大战略部署，继续完善党的自我革命制度规范体系

党的二十大报告强调，全面从严治党永远在路上，党的自我革命永远在路上。在新时代新征程上完善党的自我革命制度规范体系，必须以习近平新时代中国特色社会主义思想为指导，全面贯彻落实党的二十大决策部署，重点抓好以下几项工作。

（1）强化党的自我革命制度保障。党的自我革命是自我净化、自我完善、自我革新、自我提高完整体系，是具有严密内在逻辑关系的系统工程。要不断健全总揽全局、协调各方的党的领导制度体系，完善党中央重大决策部署落实机制，强化党中央决策议事协调机构职能作用，加强党中央对重大工作的集中统一领导。坚持不懈用习近平新时代中国特色社会主义思想武装头脑，常态化长效化开展党史学习教育，健全不忘初心、牢记使命的制度，筑牢推进自我革命的思想根基。坚持以党章为根本，以民主集中制为核心，以准则、条例等中央党内法规为主干，以部委党内法规、地方党内法规为重要组成部分，不断完善内容科学、程序严密、配套完备、运行有效的党内法规制度体系，增强党内法规权威性和执行力，更好发挥制度的引领保障作用。

第二篇　致知力行　崇真至善

（2）健全党统一领导、全面覆盖、权威高效的监督体系。伴随全面深化改革向纵深推进，监督体系建设已经进入系统集成、协同高效的新阶段。要在党中央集中统一领导下，做实做强党委（党组）全面监督，加强对各类监督主体的领导和统筹，使监督工作在决策部署指挥、资源力量整合、措施手段运用上更加协同，推动党的领导和监督一贯到底。坚持在党内监督定向引领下，促进各类监督既依照自身职责发挥效能，又强化关联互动、系统集成，形成同题共答、常态长效的监督合力。完善党的自我监督和人民群众监督有机结合的制度，畅通人民群众建言献策和批评监督渠道，让人民监督权力，让权力在阳光下运行。

（3）推进政治监督具体化、精准化、常态化。拥护"两个确立"、做到"两个维护"要求各地区各部门把自己摆进去，推动党的理论和路线方针政策、党中央决策部署不折不扣落地见效。要聚焦新时代新征程党的使命任务强化政治监督，以党中央决策初衷为出发点，以"国之大者"为着眼点，以督促监督对象履行职责使命为着力点，推动党组织和党员干部不断提高政治判断力、政治领悟力、政治执行力，把党中央战略决策、各地区各部门实施推进、基层具体实践衔接起来、一致起来。坚持党中央决策部署到哪里，结合实际的监督检查就跟进到哪里，建立健全台账管理、动态跟踪、限期办结、督查问责、"回头看"等措施制度，真抓实干、锲而不舍，确保党中央决策部署和工作要求落实见效。

（4）增强对"一把手"和领导班子监督实效。加强对"一把手"和领导班子监督，是落实党中央决策部署和全面从严治党战

17

略方针的关键环节。党中央关于加强对"一把手"和领导班子监督的意见科学具体、务实管用，各级党组织及其"一把手"要以坚强党性和决心扛起监督主责，逐条对照落实意见提出的任务要求，自觉接受监督，认真抓好监督，用好监督措施，做到严于律己、严负其责、严管所辖，把工作成效最终体现到严促执行上。对"一把手"和领导班子监督是由上级监督、同级监督、下级对上级监督组成的体系，其中上级监督最有效。要加强上级党组织及其"一把手"和纪检监察机关对下级党组织及其"一把手"的监督，支持下级纪检监察机关开展同级监督，形成层层既抓本级、又抓下级的工作格局。

（5）发挥政治巡视利剑作用。巡视是推进党的自我革命、深化全面从严治党的战略性制度安排。要坚持政治巡视定位，聚焦党中央大政方针，重点发现影响党的领导、党的建设、全面从严治党的根本性全局性问题，着力纠正政治偏差，发挥政治监督和政治导向作用。要全面贯彻中央巡视工作方针，下更大气力深化巡视整改，压实被巡视党组织整改主体责任和纪检机关、组织部门日常监督责任，坚持各级党组织主抓，坚持从本级本人改起，推动整改融入日常工作、融入深化改革、融入全面从严治党、融入班子队伍建设。要完善整改情况报告制度，健全整改公开机制，督促精准处置巡视移交线索，加大监督检查力度，促进真改、实改、深改、持久改。

（6）落实全面从严治党政治责任。全面建设社会主义现代化国家目标任务已经明确，关键要靠各级党组织和领导干部切实扛起责任，把党的路线方针政策和党中央决策部署贯彻落实好，把

第二篇 致知力行 崇真至善

各领域广大群众组织凝聚好。要把履行全面从严治党政治责任作为抓党建、管权力、促业务、保落实的关键，推进"两个责任"坚守定位、高效联动，构建明责履责、担责追责的严密机制，完善管思想、管工作、管作风、管纪律的从严管理制度，加强对新提拔干部、年轻干部的教育管理监督。健全党领导反腐败斗争的责任体系，推动不敢腐、不能腐、不想腐同时发力、同向发力、综合发力，以系统施治、标本兼治的理念管党治党，不断取得更多制度性成果和更大治理效能。

二、习近平新时代中国特色社会主义思想

（一）习近平新时代中国特色社会主义思想的主要内容

习近平新时代中国特色社会主义思想是对马克思列宁主义、毛泽东思想、邓小平理论、"三个代表"重要思想、科学发展观的继承和发展，是马克思主义中国化最新成果，是党和人民实践经验和集体智慧的结晶，是中国特色社会主义理论体系的重要组成部分，是全党全国人民为实现中华民族伟大复兴而奋斗的行动指南，它的主要创立者是习近平同志。习近平新时代中国特色社会主义思想从理论和实践结合上系统回答了新时代坚持和发展什么样的中国特色社会主义、怎样坚持和发展中国特色社会主义这个重大时代课题。

（二）习近平新时代中国特色社会主义思想对于青年学生的重要作用

青年学生是我国的未来和希望，他们肩负着新时代的历史使命，为实现中华民族伟大复兴的中国梦贡献力量。深入学习贯彻习近平

新时代中国特色社会主义思想，是新时代青年学生的首要任务。在新的历史时期，青年学生深入学习贯彻习近平新时代中国特色社会主义思想，用习近平新时代中国特色社会主义思想武装青年大学生，对于夺取新时代中国特色社会主义伟大胜利，实现中华民族伟大复兴的中国梦，具有重大的现实意义和深远的历史意义。

习近平新时代中国特色社会主义思想是新时代党的伟大事业的鲜明灯塔，为新时代青年学生指明了前进方向。通过对这一思想的学习，青年学生可以更好地理解党的伟大事业，进一步增强"四个自信"，坚定共产主义远大理想和中国特色社会主义共同理想，为实现中华民族伟大复兴的中国梦而努力奋斗。深入学习贯彻习近平新时代中国特色社会主义思想，有助于青年学生牢固树立社会主义核心价值观。这一思想强调共同富裕、全面深化改革、全面依法治国、全面从严治党等方面，为青年学生树立了正确的世界观、人生观和价值观，引导他们成为有道德、有品质、有担当的新时代青年。

（三）青年大学生如何学习习近平新时代中国特色社会主义思想

1. 坚定信仰信念，深入学习党的创新理论

青年大学生应牢固树立"四个自信"，即中国特色社会主义道路自信、理论自信、制度自信、文化自信。通过深入学习党的创新理论，增强"四个意识"，即政治意识、大局意识、核心意识、看齐意识，坚定共产主义远大理想和中国特色社会主义共同理想。

青年大学生应将习近平新时代中国特色社会主义思想转化为实际行动，积极投身社会实践。可以通过参加志愿服务、实习实

训、社会调研等活动，将所学的理论知识与实际工作相结合，提高运用理论指导实践的能力。通过实践活动，加深对理论的理解和认识，将理论与实践相结合，不断提高自身的综合素质和能力水平。

青年大学生应强化责任担当，积极投身国家建设和社会发展中。要时刻牢记自己的历史使命，为实现中华民族伟大复兴的中国梦贡献自己的力量。

2. 立足课程学习，提高政治素养

在学习专业课程的同时，大学生应关注时事政治，了解国家大政方针。可通过学习"马克思主义基本原理""中国近现代史纲要"等课程，系统掌握党的思想理论体系。此外，还可参加学校组织的各类政治教育活动，提高自己的政治觉悟。

青年大学生在学习习近平新时代中国特色社会主义思想时，应注重培养自己的创新思维和批判性思维。这一思想强调创新是引领发展的第一动力，青年大学生应敢于质疑、勇于探索，不断提高自己的创新能力和实践能力。同时，要关注社会发展中的热点问题和难点问题，积极提出解决方案，为国家和社会的发展贡献智慧和力量。

青年大学生还应加强自我修养，培养高尚的道德品质。习近平新时代中国特色社会主义思想强调以德治国、以德立身，青年大学生应树立正确的道德观念，自觉遵守社会公德、职业道德、家庭美德，努力成为有道德、有品质、有担当的新时代青年。

此外，青年大学生应积极参与国际交流与合作，拓宽自己的国际视野。在全球化的背景下，了解不同国家的文化和价值观，增强

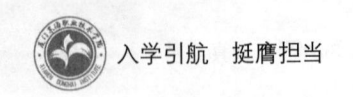

国际竞争力,对于实现个人梦想和推动国家发展具有重要意义。

3. 强化实践锻炼,践行社会主义核心价值观

青年大学生应将习近平新时代中国特色社会主义思想融入日常生活,践行社会主义核心价值观。在学习、工作、生活中,树立正确的道德观念,注重品行修养,关心他人,服务社会。通过参与志愿服务、社会实践等活动,锻炼自己的能力,提升综合素质。

同时,青年大学生还应该注重培养自己的领导力和团队合作能力。在新时代,青年大学生不仅要具备扎实的专业知识,还要具备出色的领导力和团队协作能力,才能更好地适应社会的发展需求。通过参加学生组织、社团活动、团队合作项目等,可以锻炼自己的领导力和团队协作能力,提高综合素质,为未来的发展打下坚实基础。

青年大学生在学习习近平新时代中国特色社会主义思想的过程中,还应注重培养自己的创新思维和创业精神。随着科技的不断进步和经济的快速发展,创新创业已成为推动社会进步的重要动力。

4. 利用网络资源,拓宽学习渠道

互联网为学习习近平新时代中国特色社会主义思想提供了便捷条件。青年大学生可利用学习平台、APP 等网络资源,随时随地学习党的创新理论。同时,要善于筛选信息,辨别是非,避免受到不良信息的影响。

青年大学生之间应积极开展互动交流,分享学习心得和体会,共同学习进步。可以组织学习小组、研讨会等活动,围绕习近平新时代中国特色社会主义思想进行深入探讨,相互启发,共同进步。通过互动交流,不仅可以加深对理论的理解,还可以

拓宽自己的视野，结交更多志同道合的朋友，为未来的成长和发展打下坚实基础。

5. 加强沟通交流，增进共识

大学生应主动参与党团组织活动，与同学、老师等进行沟通交流，分享学习心得，增进对习近平新时代中国特色社会主义思想的理解。此外，还可以参加各类学术研讨、讲座等活动，拓宽自己的视野。

通过与不同领域、不同背景的人沟通交流，青年大学生可以更加全面地了解国家和社会的发展，增进对中国特色社会主义的共识，更加自觉地投身国家建设和社会发展。

青年大学生还要善于倾听不同意见，学会求同存异，以包容的心态面对多元的社会。在沟通交流中，不断提高自己的沟通技巧和表达能力，增强自己的影响力和感染力，为更好地传播和践行习近平新时代中国特色社会主义思想打下坚实基础。

6. 注重学思结合，提高创新能力

学习习近平新时代中国特色社会主义思想，要善于思考，勇于实践。青年大学生应注重将理论知识与实际相结合，发挥自己的专业特长，为国家和民族的发展贡献自己的力量。同时，要培养创新精神，敢于担当，勇攀科学高峰。

总之，青年大学生学习习近平新时代中国特色社会主义思想，应坚定理想信念，强化责任担当，立足课程学习，注重实践锻炼，善于沟通交流，培养创新精神。通过不断学习，增强"四个自信"，为实现中华民族伟大复兴的中国梦贡献自己的智慧和力量。

三、发展党员工作的基本程序

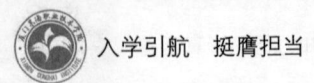

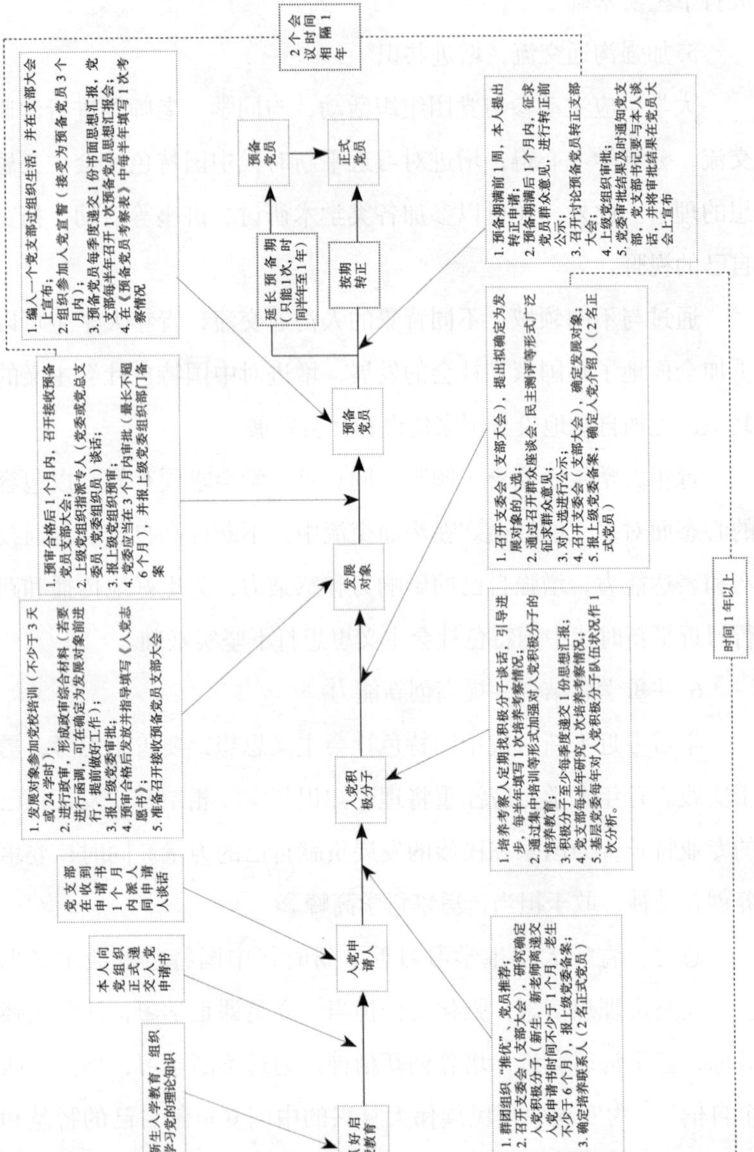

四、发展团员工作的基本程序

（一）申请入团

1. 提交入团申请书

年龄在 14 周岁以上，28 周岁以下的中国青年，承认团的章程，愿意参加团的一个组织并在其中积极工作、执行团的决议和按期交纳团费的，可以向所在班级团支部提出申请加入中国共产主义青年团，并提交不少于 800 字的入团申请书。

2. 派人谈话

班级团支部收到入团申请书后上报学院团总支，学院团总支应当在 1 个月内派人同入团申请人谈话，了解基本情况。

（二）入团积极分子的确定

1. 确定和批准入团积极分子

学院团总支应当在入团申请人中择优确定入团积极分子。确定入团积极分子，可以采取团员推荐方式产生人选，广泛听取群众意见，由团总支部委员会研究决定，并报学校团委批准。

2. 指定培养联系人

入团积极分子的培养联系人应当由一至两名团员或者党员担任。培养联系人应当由学校团委指定。培养联系人的主要任务是：

（1）向入团积极分子宣传党的创新理论和党的历史，介绍团的基本知识；

（2）了解入团积极分子的政治觉悟、道德品质和现实表现等，做好培养教育工作，引导入团积极分子端正入团动机；

（3）及时向团组织汇报入团积极分子情况；

（4）向团组织提出能否将入团积极分子列为发展对象的意见。

（三）入团积极分子的教育、培养和考察

学院团总支应当加强对入团积极分子的教育、培养和考察，培养考察期应当达到3个月以上。培养考察期间，培养联系人应当与入团积极分子谈心谈话不少于两次。未经团组织培养考察或者培养考察期未满3个月的，原则上不得发展入团。

入团积极分子在发展入团之前，学院团总支应当组织其参加不少于8学时的团课学习，并采取适当方式检查考核学习效果。团组织应当吸收入团积极分子参加团的活动，给他们分配一定的社会工作，注重在实践中加强培养锻炼。团组织应当引导和组织入团积极分子开展志愿服务，成为注册志愿者，并将志愿服务情况作为重要考察内容。

（四）发展对象的确定

1. 推荐发展对象

学院团总支应当从入团积极分子中择优确定发展对象。经过3个月以上培养教育和考察、基本具备团员条件的入团积极分子，可以列为发展对象。

学院团总支应当听取培养联系人、党（团）员和群众意见，依据团员先进性评价指导标准，对入团积极分子开展一次综合评价，评价结果作为确定发展对象的主要依据。评价应当把政治标准放在首位，全面反映情况，防止"唯成绩""唯票数"，任何个人不得指定发展对象。

2. 预审发展对象

发展对象应当经学院团总支部委员会讨论同意后，报学校团委预审。学校团委应当对推荐的发展对象的基本条件、参加团课学习和志愿服务等培养教育情况、综合评价结果进行预审。

3. 公示发展对象

预审结果应当公示、接受群众监督，公示期不少于5个工作日。公示无异议的，学校团委通知推荐的团总支和团支部，并向预审合格的发展对象发放《中国共产主义青年团入团志愿书》（以下简称"入团志愿书"）。

4. 确定入团介绍人

发展对象应当有两名团员或者党员作入团介绍人。入团介绍人一般由培养联系人担任，也可以由学校团委指定。受留党（团）察看处分、尚未恢复党（团）员权利的党（团）员，不能作入团介绍人。入团介绍人的主要任务是：

（1）向发展对象解释党和团的关系，解释团的章程，说明团员的条件、义务和权利；

（2）认真了解发展对象的入团动机、政治觉悟、道德品质、工作学习经历、现实表现等情况，如实向团组织汇报；

（3）指导发展对象填写入团志愿书，并认真填写自己的意见；

（4）向支部大会负责地介绍发展对象的情况。

（五）新团员的接收

1. 填写入团志愿书

发展对象应当认真如实填写入团志愿书。

2. 支部大会讨论

发展对象入团，必须提交支部大会讨论。召开讨论接收新团员的支部大会，有表决权的到会人数必须超过应到会有表决权人数的半数。支部大会讨论接收新团员的主要程序是：

（1）发展对象汇报对团的认识、入团动机、个人简历和家庭情况，以及需向团组织说明的问题；

（2）入团介绍人介绍发展对象有关情况，并对其能否入团表明意见；

（3）支部委员会报告对发展对象的审议意见；

（4）与会团员对发展对象能否入团进行充分讨论，并采取无记名投票方式进行表决。赞成人数超过应到会有表决权团员的半数，才能通过接收新团员的决议。因故不能到会的有表决权的团员，在支部大会召开前正式向团支部提出书面意见的，应当统计在票数内。

支部大会讨论两名以上的发展对象入团时，必须逐个讨论和表决。

团支部应当及时将支部大会决议写入入团志愿书，连同本人入团申请书，一并报学校团委审批。

支部大会决议主要包括：发展对象的主要表现；应到会和实际到会有表决权的团员人数；表决结果；通过决议的日期；支部书记签名。

（六）学校团委审批

学校团委在1个月内审批对团支部上报的接收新团员的决议，如遇特殊情况可以适当延长审批时间，但不得超过3个月。审议

的主要内容是：发展对象是否具备团员条件，入团程序是否规范完备等。符合条件、手续完备的，批准其为团员。审批意见写入入团志愿书，并通知报批的团组织。

（七）审批结果反馈

团支部应当及时将审批结果通知本人并在支部大会上宣布。被批准入团的，从支部大会通过之日起取得团籍、计算团龄，并交纳团费。未被批准入团的，团组织应当将情况及时通知本人，帮助其认识不足、继续努力进步。

（八）入团仪式

新团员必须参加入团仪式，在团旗下进行入团宣誓。团组织应当规范开展入团仪式，按照规定向新团员颁发团员证和团徽徽章。

（九）档案管理

学院团总支应当规范建立新团员档案，主要包括入团志愿书、入团申请书、入团积极分子培养考察（团校学习结业）材料、团员证等。经审批同意后1个月内，应当在"智慧团建"系统中建立新团员电子档案。团员档案按国家规定纳入学籍档案。入团志愿书是首要团员档案，遗失或不完整的不补办。

五、党团应知应会

（一）党的性质是什么？

中国共产党是中国工人阶级的先锋队，同时是中国人民和中华民族的先锋队，是中国特色社会主义事业的领导核心，代表中国先进生产力的发展要求，代表中国先进文化的前进方向，代表

中国最广大人民的根本利益。

（二）党的最高理想和最终目标是什么？

党的最高理想和最终目标是实现共产主义。

（三）党的行动指南是什么？

中国共产党以马克思列宁主义、毛泽东思想、邓小平理论、"三个代表"重要思想、科学发展观、习近平新时代中国特色社会主义思想作为自己的行动指南。

（四）党的根本宗旨是什么？

全心全意为人民服务。

（五）中国共产党人的初心和使命是什么？

为中国人民谋幸福，为中华民族谋复兴。

（六）中国共产党第二十次全国代表大会是什么时间召开的？

2022年10月16日至22日。

（七）党的二十大主题是什么？

高举中国特色社会主义伟大旗帜，全面贯彻新时代中国特色社会主义思想，弘扬伟大建党精神，自信自强、守正创新，踔厉奋发、勇毅前行，为全面建设社会主义现代化国家、全面推进中华民族伟大复兴而团结奋斗。

（八）党的十八大以来，我们经历了对党和人民事业具有重大现实意义和深远历史意义的三件大事，分别是哪三件事情呢？

一是迎来中国共产党成立一百周年；二是中国特色社会主义进入新时代；三是完成脱贫攻坚、全面建成小康社会的历史任

第二篇　致知力行　崇真至善

务，实现第一个百年奋斗目标。

（九）"六个必须坚持"是什么？

必须坚持人民至上、必须坚持自信自立、必须坚持守正创新、必须坚持问题导向、必须坚持系统观念、必须坚持胸怀天下。

（十）党的二十大报告明确地提出，从现在起，中国共产党的中心任务是什么？

团结带领全国各族人民全面建成社会主义现代化强国、实现第二个百年奋斗目标，以中国式现代化全面推进中华民族伟大复兴。

（十一）党的二十大报告指出，中国式现代化的本质要求是什么？

坚持中国共产党领导，坚持中国特色社会主义，实现高质量发展，发展全过程人民民主，丰富人民精神世界，实现全体人民共同富裕，促进人与自然和谐共生，推动构建人类命运共同体，创造人类文明新形态。

（十二）党的二十大报告指出，全面建成社会主义现代化强国，总的战略安排是分两步走。具体是什么？

从2020年到2035年基本实现社会主义现代化；从2035年到本世纪中叶把我国建成富强民主文明和谐美丽的社会主义现代化强国。

（十三）党的二十大报告中提出前进道路上必须牢牢把握的"五个重大原则"，具体是什么？

坚持和加强党的全面领导；坚持中国特色社会主义道路；坚

 入学引航　挺膺担当

持以人民为中心的发展思想；坚持深化改革开放；坚持发扬斗争精神。

（十四）习近平总书记在党的二十大报告中，要求全党必须牢记"五个必由之路"，具体是什么？

坚持党的全面领导是坚持和发展中国特色社会主义的必由之路；中国特色社会主义是实现中华民族伟大复兴的必由之路；团结奋斗是中国人民创造历史伟业的必由之路；贯彻新发展理念是新时代我国发展壮大的必由之路；全面从严治党是党永葆生机活力、走好新的赶考之路的必由之路。

（十五）"四个意识"是什么？

"四个意识"是指政治意识、大局意识、核心意识、看齐意识。这"四个意识"是2016年1月29日中共中央政治局会议最早提出来的。习近平总书记在庆祝中国共产党成立95周年大会上的讲话强调，全党同志要增强政治意识、大局意识、核心意识、看齐意识，切实做到对党忠诚、为党分忧、为党担责、为党尽责。

（十六）"四个自信"是什么？

"四个自信"即中国特色社会主义道路自信、理论自信、制度自信、文化自信，由习近平总书记在庆祝中国共产党成立95周年大会上提出，是对党的十八大提出的中国特色社会主义"三个自信"的创造性拓展和完善。

（十七）"两个维护"是什么？

"两个维护"是指坚决维护习近平总书记党中央的核心、全党的核心地位，坚决维护党中央权威和集中统一领导。带头做到

"两个维护",是加强中央和国家机关党的建设的首要任务。

(十八)"四个伟大"是什么?

"四个伟大"是指伟大斗争、伟大工程、伟大事业、伟大梦想,是习近平总书记于2017年10月18日在十九大报告中提出的治国理政方针理论。

(十九)"两个确立"是什么?

党确立习近平同志党中央的核心、全党的核心地位,确立习近平新时代中国特色社会主义思想的指导地位。

(二十)"三个务必"是什么?

全党同志务必不忘初心、牢记使命,务必谦虚谨慎、艰苦奋斗,务必敢于斗争、善于斗争。

(二十一)全面建成社会主义现代化强国,总的战略安排是什么?

从2020年到2035年基本实现社会主义现代化;从2035年到本世纪中叶把我国建成富强民主文明和谐美丽的社会主义现代化强国。

(二十二)"两学一做"是什么?

"两学一做"指的是"学党章党规、学系列讲话,做合格党员"学习教育。

(二十三)"三会一课"是什么?

"三会一课"是指党支部党员大会、党支部委员会、党小组会和党课。

(1)党支部委员大会:每季度至少召开1次。因工作需要可随时召开。大会主要内容有传达学习上级党组织的有关文件、决议、批示；讨论通过党支部工作计划和工作报告；选举党支部委员会；讨论决定新党员发展、预备党员转正、党员的奖励和处分；讨论决定由支委会提请的其他重要事项。

（2）党支部委员会：每月召开1次。根据工作需要可随时召开。会议的主要内容有讨论研究贯彻上级党组织的指示和决议；分析党员的思想状况，研究支部工作计划、工作报告和党员教育、思想政治工作，以及支部建设、组织发展、党员奖励和其他需要支委会讨论的重要事项。

（3）党小组会：每月至少召开1次。会议的主要内容有：组织党员学习；研究贯彻执行支部决议和各项工作任务；党员汇报思想和工作情况；讨论选举和发展党员工作以及讨论评选优秀党员和对党员的处分等事项。

（4）党课：每半年安排1次。党课的主要内容是党内学习教育；党的理想、宗旨、纪律、优良传统和党的基本知识教育；国际国内的政治、经济形势教育等。

（二十四）党支部主题党日是什么？

"党支部主题党日"活动是落实"三会一课"制度、加强党员教育管理、促进党员发挥先锋模范作用的有效载体。党支部每月相对固定1天开展主题党日，组织党员集中学习、过组织生活、进行民主议事和志愿服务等。

（二十五）党组织生活会是什么？

党支部每年至少召开1次组织生活会，一般安排在第四季度，也可以根据工作需要随时召开。组织生活会一般以党支部党员大会、党支部委员会会议或者党小组会形式召开。组织生活会应当

确定主题，会前认真学习，谈心谈话，听取意见；会上查摆问题，开展批评和自我批评，明确整改方向；会后制定整改措施，逐一整改落实。

（二十六）民主评议党员是什么？

党支部一般每年开展1次，组织党员对照合格党员标准、对照入党誓词，联系个人实际进行党性分析。党支部召开党员大会，按照个人自评、党员互评、民主测评的程序，组织党员进行评议。党员人数较多的党支部，个人自评和党员互评可以在党小组范围内进行。党支部委员会会议或者党员大会根据评议情况和党员日常表现情况，提出评定意见。民主评议党员可以结合组织生活会一并进行。

（二十七）"两优一先"评选具体是什么？

为进一步树立典型，表彰先进，弘扬正气，激励基层党组织和广大党员坚定理想信念，提高政治觉悟，不忘初心、牢记使命，每两年组织开展"先进基层党组织""优秀党务工作者"及"优秀共产党员"（简称"两优一先"）评选活动。

（1）先进基层党组织。深入学习贯彻习近平新时代中国特色社会主义思想，坚决贯彻执行党的路线方针政策，自觉维护党的团结和集中统一；认真贯彻执行党章，切实履行党的建设责任，政治功能和组织力强，团结带领党员、群众出色完成各项任务，在改革发展稳定等方面取得显著成绩，赢得党员、群众的信任和拥护；认真执行民主集中制，真抓实干，作风优良，团结协作，勤政廉政，充分发挥战斗堡垒作用；推动党建特色品牌创建，服务重点工作，落实立德树人根本任务。

（2）优秀党务工作者。深入学习贯彻习近平新时代中国特色社会主义思想，深刻领悟"两个确立"的决定性意义，增强"四个意识"、坚定"四个自信"、做到"两个维护"；认真落实党中央推进全面从严治党的部署要求，自觉学习运用党的建设理论，具有较高的党务工作水平，模范履行党的建设工作职责，取得显著成绩；坚持党的群众路线，善于做群众工作和思想政治工作，党性强，作风正，坚持原则，公道正派，克己奉公，廉洁自律，在党员、群众中有较高威信。

（3）优秀共产党员。深入学习贯彻习近平新时代中国特色社会主义思想，深刻领悟"两个确立"的决定性意义，增强"四个意识"、坚定"四个自信"、做到"两个维护"；自觉遵守党章，理想信念坚定，对党绝对忠诚，坚守初心使命，勇于担当作为，严守教师职业道德规范或学生行为规范，立足岗位务实苦干，在服务群众中无私奉献，在工作、学习和社会生活中带头发挥先锋模范作用，关键时刻冲得上去、危难关头豁得出来，取得优良业绩，作出重要贡献；清正廉洁，品德高尚，密切联系并团结带领广大师生共同进步，受到党员、群众广泛赞誉。

（二十八）共青团十九大是什么时间召开的

2023年6月19日至22日，中国共产主义青年团第十九次全国代表大会在北京召开。

（二十九）这次教育主题的全称是什么？

学习贯彻习近平新时代中国特色社会主义思想主题教育。

（三十）面向团员和青年开展主题教育的目标任务是什么？

铸牢对党忠诚；坚定理想信念；发扬斗争精神；勇于挺膺

担当。

（三十一）团员和青年主题教育面向的是哪类群体？

全体共青团员和14~35岁的青年。

（三十二）开展团员和青年主题教育的主要措施有哪些？

加强理论学习、组织交流研讨、开展实践体验、激发建功立业。

（三十三）团员和青年主题教育的根本任务是什么？

学习贯彻习近平新时代中国特色社会主义思想，深入领会这一重要思想的基本观点、科学体系，不断深化对"两个确立"的政治认同、思想认同、实践认同、情感认同。

（三十四）团员和青年主题教育的学习目标是什么？

努力掌握党的创新理论的世界观和方法论，引导团员和青年深入体悟马克思主义这一魂脉和中华优秀传统文化这一根脉，准确理解和把握"两个结合"和"六个必须坚持"的内在要求，做到学有所感、学有所悟、学有所获。

（三十五）面向团员和青年开展主题教育的重大意义是什么？

是彰显团的政治本色，坚持党旗所指就是团旗所向的重要要求；是加强青年政治引领，为党培养社会主义合格建设者和可靠接班人的重要要求；是始终胸怀"国之大者"，激发新时代青年在中国式现代化建设中挺膺担当的重要要求。

（三十六）这次团员和青年主题教育时间安排是怎样的？

2023年9月至2024年1月集中进行。

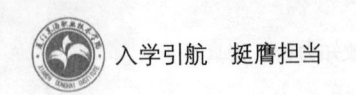

（三十七）面向团员和青年开展主题教育的学习专题包括哪些？

思想旗帜、坚强核心、强国复兴、挺膺担当。

（三十八）中国特色社会主义的最大优势是什么？

中国共产党领导。

（三十九）什么是中国式现代化？

中国共产党领导的社会主义现代化，既有各国现代化的共同特征，更有基于自己国情的中国特色。

（四十）"四个全面"战略布局是什么？

全面建设社会主义现代化国家、全面深化改革、全面依法治国、全面从严治党。

（四十一）"五位一体"总体布局是什么？

经济建设、政治建设、文化建设、社会建设、生态文明建设。

（四十二）如何理解习近平新时代中国特色社会主义思想的重要地位？

习近平新时代中国特色社会主义思想是新时代中国共产党的思想旗帜，是国家政治生活和社会生活的根本指针，是当代中国马克思主义、21世纪马克思主义。

（四十三）伟大建党精神的内涵是什么？

坚持真理、坚守理想，践行初心、担当使命，不怕牺牲、英勇斗争，对党忠诚、不负人民。

第二节　厚德载物

一、爱国奉献

（一）爱国奉献的意义

爱国主义是中华民族的民族心、民族魂，是中华民族最重要的精神财富，是中国人民和中华民族维护民族独立和民族尊严的强大精神动力。近代以来，中国青年始终高举爱国主义的伟大旗帜，积极投身社会主义革命、建设和改革实践，谱写出中华民族爱国主义精神的辉煌篇章。踏上实现第二个百年奋斗目标新的赶考之路，新时代中国青年必须高举爱国主义的伟大旗帜，从党的百年奋斗重大成就和历史经验中汲取智慧力量，奋力推进中国特色社会主义不断向前发展，为实现中华民族伟大复兴提供磅礴力量。

（二）爱国奉献的概念

为祖国奉献一切的献身精神是中华民族的爱国主义美德之一。在古代历史上曾涌现出许多著名的爱国者和民族英雄，如不畏强暴的晏婴，英勇抗击匈奴的卫青、霍去病，精忠报国的岳飞，收复台湾的郑成功等。他们的爱国献身精神至今仍具有巨大的精神感召力，是进行爱国主义教育的好素材。特别是在近现代的历史上，当中国遭到帝国主义列强的疯狂侵略，出现了亡国灭种的危机时，中华儿女的爱国主义精神更是越加激发而不可动

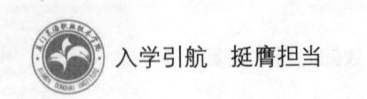

摇，越发显示出它的战斗锋芒和精神力量。

（三）爱国奉献的作用

（1）爱国主义是我们民族精神的核心。爱国主义是中华民族发展史上最宝贵的精神财富。回顾中国共产党的百年奋斗历程，无数仁人志士在爱国主义精神的指引下，在党"为中国人民谋幸福，为中华民族谋复兴"的感召下，积极投身党领导的革命、建设、改革开放伟大事业。他们御外敌、谋独立、求解放、救中华；他们去基层、去边疆、去农村，去祖国和人民最需要的地方；他们高扬爱国主义旗帜，为祖国献身、为人民幸福生活奋斗，把自己的小我融入祖国和人民的大我之中。

（2）奉献精神熠熠生辉，激励着无数仁人志士为了国家、民族和社会的发展而无私奉献。对奉献的赞美映照着一个民族的伟大，体现着中国人民共同的价值追求。习近平总书记指出："追梦需要激情和理想，圆梦需要奋斗和奉献。"逐梦新时代，需要大力弘扬这种伟大的奉献精神。用奋斗书写奉献。奉献与奋斗相融相生，奉献靠奋斗书写，奋斗体现着奉献，要想奉献越多就必须奋斗越多，奋斗越多就必然奉献越多。"幸福都是奋斗出来的。"新时代是属于奋斗者的时代。习近平总书记强调："我们的国家，我们的民族，从积贫积弱一步一步走到今天的发展繁荣，靠的就是一代又一代人的顽强拼搏，靠的就是中华民族自强不息的奋斗精神。"

（3）奉献是中国共产党人的精神底色。中国共产党100多年的历史，就是一部为中国革命、建设、改革赤诚奉献的历史，鲜明体现了千千万万共产党人忠于党、忠于人民、无私奉献的优秀

品质。习近平总书记在"七一勋章"颁授仪式上的重要讲话中指出:"拼搏奉献,就是把许党报国、履职尽责作为人生目标,不畏艰险、敢于牺牲,苦干实干、不屈不挠,充分展示了共产党人无私无畏的奉献精神和坚忍不拔的斗争精神。"

(4)奉献精神体现了社会主义道德的基本要求。奉献精神的具体内容和表现形式是多种多样的,在全社会大力弘扬奉献精神,既要保持总目标、总要求的一致性,又应该针对不同社会群体和不同人的具体特点,分别提出具体要求,引导人们在不同的层次和程度上以不尽相同的具体形式来发扬奉献精神。社会主义道德正是从社会主义社会实际出发,鼓励先进、照顾多数、反对后进,将道德的先进性要求和广泛性要求结合起来,形成的一整套联结与引导不同道德觉悟的人向上向善的道德原则和价值规范体系。在其主导原则和价值规范中,追求奉献还是一味索取,往往是衡量人生价值高低的分水岭。习近平总书记多次指出,"谁把人民放在心上,人民就把谁放在心上""我的工作是为人民服务,很累,但很愉快""我将无我,不负人民",赤诚而真切地表达了社会主义道德的崇高精神境界。在社会主义社会,道德又常常是同"奉献"联系在一起的。奉献精神是人们世界观、人生观、价值观的具体体现,其核心是在态度、行动和信念上如何正确处理个人与社会的关系。在全社会大力弘扬奉献精神的根本目的,就是要提高广大人民群众的道德文明素质,调整个人与他人、集体、国家的关系,正确处理某些利益矛盾,改善社会风气,引导人们从历史发展规律的高度认识当前社会,弄清楚人为什么活着才是最高尚、最有意义、最有价值的人生,主动将人民的利益、国家的利益作为评价事物有无价值和价值大小的出发点和重要标准，踔厉奋发、勇毅前行，为全面建设社会主义现代化国家、全面推进中华民族伟大复兴而不懈奋斗。

（四）爱国奉献的重要性

回望历史，感悟爱国青年为国奉献的高尚情怀，新时代中国青年必须赓续红色血脉，始终高举爱国主义的伟大旗帜。一百多年前，一批爱国青年为救国家于危亡、救民族于水火、救人民于苦难，作为先锋掀起了一场捍卫民族尊严、凝聚民族力量的伟大社会革命运动，唱响了浩气长存的爱国主义赞歌，点燃了中华民族实现伟大复兴的信心之火。领悟爱国青年为国担当的责任使命，新时代中国青年必须坚定前进方向，始终高举爱国主义的伟大旗帜。全面开启第二个百年奋斗目标的新征程，一批又一批爱国青年为建设社会主义现代化强国、实现中华民族伟大复兴，作为中流砥柱奔跑在追逐梦想的康庄大道上，奏响中国特色社会主义的华彩乐章，正在绘就中华民族实现伟大复兴的美好图景。爱国奉献不只是一种情怀和精神，更是对理想的坚持与责任的担当，这应当成为新时代每一名有理想、有信念奋斗者的精神底色。

（五）爱国奉献精神的培养

新时代大学生首先要明确爱国主义的深刻内涵。爱国是社会发展的必然产物，是客观要求，不以人的意志为转移。爱国并不是口头上的豪言壮语，更不是一时的激情冲动，而是强烈持久的行为。在爱祖国的基础上，树立远大的报国志向、刻苦学习专业知识、最后用行动践行报国热情，这三点有机统一才是真正的爱

国主义。表达的是广大青年对于祖国最深厚的感情，犹如孩子对于母亲的那种发自内心深处的热爱和依恋之情。

新时代大学生要弘扬爱国奉献精神，了解祖国的悠久历史和灿烂文化，树立民族自尊心和民族自豪感。中华民族在五千年的历史长河中团结奋斗，自强不息，创造灿烂的文明，为人类文明的发展进步作出伟大贡献。虽然近代以来，我们民族遭受了一系列失败的苦难，但中华民族伟大的爱国主义精神驱动着先烈们前赴后继反抗外来侵略、捍卫国家主权。最终迎来解放后的中国如同醒狮雄起，巨龙腾飞。伟大的爱国主义精神必将创造出更加辉煌的成就。

新时代大学生要弘扬爱国奉献精神，要了解我国的基本国情，从实际出发，避免走上教条主义的歪路。要认识到新中国成立以来，中国人民继续高举爱国主义旗帜，不断努力奋斗，使我国社会主义建设取得了举世瞩目的巨大成就。但是我国仍处于并将长期处于社会主义初级阶段的基本国情没有变，要真正实现中华民族伟大复兴，还需要付出长期不懈的艰苦努力。新时代大学生要高瞻远瞩，充分认识改革开放以来取得的成就和面临的问题，才能提高自身素质，为报效祖国打下坚实的基础。

新时代大学生要践行爱国奉献精神，就要勤于思考、善于思考，时刻以理智思维关心时事，学会用发展的眼光看问题。要认识到爱国随着社会的变化而变化。爱国奉献不能感情用事，而是要从大局出发，理性分析，慎重下结论，不给别有用心的人可乘之机。在经济全球化的今天，爱国不是盲目排外。要学会如何去明辨是非、如何透过事物的表面现象抓住事物的本质。新时代大学生走在时代前沿,更应该吸收国外优秀事物,用于充实自我、提升自我,更好地报效祖国。不做思想的巨人、行动的矮子。勇于改变自身,适应新时代的变迁,面向未来。只有坚持求真务实的科学精神和团结协作、艰苦奋斗、脚踏实地的作风,在日积月累的基础上寻求变通,积极投身于社会实践,深入实际,深入群众,在了解社会的基础上发表真知灼见,才能肩负起历史赋予的重任,把满腔的爱国热情化为报国之行,响应祖国和时代的召唤。

二、诚实守信

诚实守信是我们人生道路上必须牢记的重要原则。在大学这个特殊的阶段,我们将面临更多的选择和挑战,诚实守信将成为我们成长道路上的指引灯塔。我们要真诚地对待身边的同学、老师和工作人员,关心他人,乐于助人,培养良好的团队精神,珍惜与他人的交往机会,学会倾听、理解和尊重,用诚信去赢得他人的信任和尊重。用诚信去书写自己的人生篇章。让我们从现在开始,在日常生活中做到言行一致,遵守法律法规,尊重他人,勇于承担责任,不断反省自己的行为,努力培养诚实守信的品质。相信在未来的人生道路上,我们会因为诚实守信而收获更多的成功和幸福。

(一)诚实守信的内涵

诚实守信,是指一个人在言行举止上遵循真实、公正、公平的原则,对自己和他人负责,不欺骗、不隐瞒、不失信。诚实守信是一个人品质的基石,是一个人在社会中的立足之本。

(二)诚实守信的重要性

青年大学生作为社会发展的中坚力量,其道德品质对社会的

影响远胜于一般的群体。青年阶段是培养诚信品格的关键阶段，如果在这个关键时期缺乏针对性的诚信品格培养和教育，将可能导致人格缺陷或偏离，甚至使其误入歧途，走上犯罪道路。学生时代是人生最重要的学习成长阶段，正是人生观、价值观走向成熟的阶段，是诚信教育的重要阶段。

诚实守信不仅仅是一种道德规范，更是一种人生态度。它要求我们时刻保持真诚和坦诚，无论是面对学习、工作还是人际交往。在学习上，我们要坚持真实的学习态度，不抄袭、不作弊，通过自己的努力取得真实的成绩。在工作中，我们要坚守职业道德，诚实守信地履行自己的职责，不辜负他人的信任。在人际交往中，我们要真诚待人，言行一致，建立起稳固的人际关系。

诚实守信的品质不仅对我们个人的成长和发展具有重要意义，也对社会的和谐稳定起着重要作用。一个诚实守信的人，能够赢得他人的信任和尊重，建立良好的人际关系，为自己的事业发展打下坚实的基础。同时，诚实守信的品质也能够促进社会的公平正义，推动社会的进步和发展。

（三）诚实守信对个人成长的影响

诚实守信是一个人品质的基石，一个诚实守信的人会得到他人的信任和尊重，更容易在社会中立足。

（1）对学习的影响。诚实守信的学生能够真实地面对自己的学习问题，勇于承认错误，从而更好地提高自己。

（2）对人际关系的影响。诚实守信是一个人品质的体现，一个诚实守信的人会受到他人的尊重和信任，有助于建立和谐的人际关系，更容易融入集体。

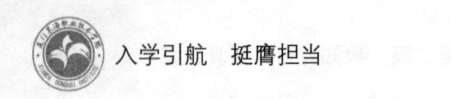

（3）对社会的影响。一个诚实守信的社会，人与人之间的关系更加和谐，社会秩序更加稳定。

（四）大学生如何做到诚实守信

大学生要做到诚实守信，可以从以下几个方面入手：

（1）树立正确的价值观。大学生应该明确诚实守信是做人的基本准则，是道德品质的体现。在学习、生活和工作中，要始终坚持真实、公正、公平的原则，不欺骗、不隐瞒、不失信。同时，要积极学习先进的思想和文化，提高自己的道德水平，树立正确的世界观、人生观和价值观。

（2）做到言行一致。大学生在言行举止上要保持一致，不违背自己的承诺和诺言。在日常生活中，要时刻提醒自己言行一致，做到诚实守信。同时，要积极反思自己的行为，及时纠正自己的错误，不断完善自己的品质。

（3）遵守法律法规。大学生要自觉遵守国家的法律法规，不违法乱纪，不参与任何违法活动。在学习、工作和生活中，要严格遵守学校的规章制度，不抄袭、不作弊、不造假。

（4）积极参与社会实践。大学生要积极参与社会实践，通过实践锻炼提高自己的诚信品质。在社会实践中，要遵守职业道德和行业规范，履行自己的职责，为社会作出贡献。

（5）加强自我修养。大学生要加强自我修养，不断提高自己的道德素质。要通过阅读、学习、思考等方式，不断提高自己的思想境界和道德水平。同时，要学会自我约束和自我管理，做到自律自强，不断提高自己的综合素质和能力水平。

总之，大学生要做到诚实守信，需要树立正确的价值观，做

到言行一致，遵守法律法规，积极参与社会实践，加强自我修养。只有这样，才能成为一个真正诚实守信的人，为社会的和谐稳定和发展作出自己的贡献。

（五）诚实守信在现实生活中的应用

（1）学术领域。在学术研究中，诚实守信是最基本的道德要求。一个诚实守信的学者会严谨治学，遵循学术规范，不抄袭、不剽窃他人的成果，为人类知识的发展作出贡献。

（2）职场生涯。在职场中，诚实守信是一个人取得成功的关键因素。一个诚实守信的员工会得到领导和同事的信任，更容易获得晋升和发展的机会。

（3）商业领域。在商业活动中，诚实守信是企业长久发展的基础。一个诚信的企业会得到消费者的信任和支持，从而赢得市场份额和良好的口碑。

（4）人际关系。在人际交往中，诚实守信是建立良好关系的基础。一个诚实守信的人会得到他人的信任和支持，更容易融入集体，结交朋友。

三、勤劳敬业

在浩瀚的历史长河中，无数璀璨星辰以其独特的光芒照亮了人类前行的道路。其中，勤劳与敬业，如同两颗永不熄灭的灯塔，引领一代又一代人追求卓越、成就非凡。在高等教育的殿堂里，大学生们正站在青春的十字路口，面对知识的海洋与未来的无限可能。勤劳敬业，这一中华民族的传统美德，不仅是对职场人的要求，更是每一位大学生应当内化于心、外化于行的行为准则。

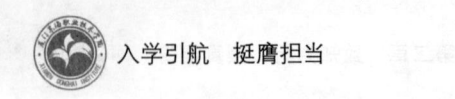

（一）勤劳敬业的内涵

勤劳，是汗水与智慧的结晶，是对时间的尊重与珍惜，是面对困难与挑战时的不懈努力。它不仅仅体现在体力的付出上，更在于心灵的耕耘，是对自我潜能的不断挖掘与超越。而敬业，则是对职业的热爱与尊重，是将个人价值融入工作之中的高尚情操，它要求我们在各自的岗位上精益求精，追求卓越，以高度的责任感和使命感完成每一项任务。

（二）勤劳敬业的意义

1.个人成长的加速器

勤劳敬业是提升自我、实现梦想必须具备的个人品质。它促使我们不断学习新知识、新技能，拓宽视野，增强能力，从而在激烈的竞争中脱颖而出，实现个人价值的最大化。

2.社会进步的推动力

一个社会若充满勤劳敬业的精神，便能激发无限的创新活力，促进生产力的快速发展。各行各业的劳动者以高度的责任心和使命感，共同推动社会向前迈进，创造更加繁荣富强的未来。

3.文明传承的纽带

勤劳敬业是中华民族的传统美德，它跨越时空，代代相传。这种精神不仅塑造了中华民族坚韧不拔、自强不息的民族性格，也为世界文明的发展贡献了中国智慧和中国方案。

（三）大学生如何践行勤劳敬业

1.树立正确的价值观，明确勤劳敬业的意义

首先，大学生应树立正确的价值观，深刻理解勤劳敬业对个人成长与社会发展的重要性。勤劳不仅仅是体力的付出，更是精

神的磨砺；敬业则是对职业的热爱与尊重，是追求卓越的内在动力。在大学期间，通过参与各种社会实践活动、听取成功人士的经验分享等方式，大学生可以逐渐认识到勤劳敬业对于实现个人价值、促进社会进步的重要意义。

2. 勤奋学习，积累专业知识与技能

学习是大学生活的主旋律，也是践行勤劳敬业的直接体现。大学生应珍惜宝贵的学习时光，勤奋刻苦，不断积累专业知识与技能。这包括认真听讲、积极参与课堂讨论、独立完成作业与实验、主动寻求课外学习资源等。同时，还应注重培养批判性思维、创新能力和解决问题的能力，以适应未来职场的需求。

3. 积极参与社会实践，锤炼综合能力

理论知识的学习是基础，但真正的能力提升还需通过实践来检验和巩固。大学生应积极参与各类社会实践活动，如志愿服务、实习实训、科研项目等。这些活动不仅能够将所学知识应用于实际中，还能帮助大学生了解社会、认识自我，培养团队合作、沟通协调、时间管理等综合能力。更重要的是，通过实践中的挑战与磨炼，大学生能够更深刻地体会到勤劳敬业的重要性，学会如何在工作中保持积极的心态，并不懈努力。

4. 树立职业理想，培养敬业精神

职业理想是大学生未来职业生涯的灯塔，它指引着大学生在求学道路上不断前行。大学生应结合自己的兴趣、特长和社会需求，树立明确的职业理想，并为之努力奋斗。在追求职业理想的过程中，大学生应逐渐培养起对职业的热爱与尊重，将敬业精神融入日常的学习和工作中。这包括对待工作要有认真负责、追求

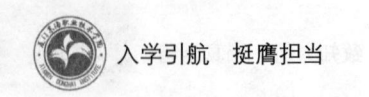

卓越的态度以及面对困难时要有不屈不挠的精神等。

5.注重个人修养，提升综合素质

勤劳敬业不仅体现在专业技能和工作态度上，还体现在个人的修养和综合素质上。大学生应注重培养自己的道德品质、文化素养、心理素质等，包括遵守社会公德、诚信待人、尊重他人、保持积极向上的心态等。同时，还应注重锻炼身体、培养良好的生活习惯和兴趣爱好等，以全面提升自己的综合素质和竞争力。

总之，大学生践行勤劳敬业是一个全面而长期的过程，需要大学生在树立正确的价值观、勤奋学习、积极参与社会实践、树立职业理想、注重提升个人修养等方面不断努力。只有这样，才能在未来职场中脱颖而出，成为社会的有用之才和国家的栋梁之材。让我们携手并进，在青春的道路上践行勤劳敬业的精神，共同书写属于我们的辉煌篇章！

四、礼貌待人

（一）礼貌待人的内涵

礼貌待人是社会交往的基本准则，指以尊重、友善和体谅的态度对待他人。这种行为体现了对他人的理解和尊重，有助于建立良好的人际关系和促进社会和谐。通过展现礼貌和善意，我们可以建立更加美好的人际关系，共同构建更加温暖、友善的社会环境。

（二）礼貌待人的作用

1.建立良好人际关系

礼貌待人能够增进与他人之间的互信和友好，促进良好的人

际关系，有利于个人在社会中的发展。

2. 提升自身形象

表现出礼貌和尊重的态度可以树立良好的形象，赢得他人的尊重和好感，为个人职业发展和社交交往带来积极影响。

3. 促进合作与团队精神

礼貌待人有助于建立和谐的工作氛围，促进团队成员之间的合作与沟通，提高工作效率和团队凝聚力。

4. 维护社会和谐

礼貌待人有助于减少冲突和误解，促进社会和谐稳定，营造良好的社会氛围。

5. 传递正能量

礼貌待人能够传递正能量，激励他人向善、向上，推动社会向更加美好的方向发展。

总之，礼貌待人不仅是一种基本的社会准则，更是一种积极的行为方式，能够为个人和社会带来诸多积极影响，促进和谐发展。

（三）礼貌待人的重要性

柏拉图曾说过："礼貌是一种推动人类进步的力量，它可以改变一切。"礼貌是一种基本的人际交往素养，它不仅能够建立积极的人际关系，还能展示出一个人的品德和价值观。当代大学生应该重视礼貌待人的重要性。

礼貌待人是建立良好人际关系的关键。当我们展示出尊重、关心和善意的态度时，能够赢得他人的好感和尊重。这种积极的人际关系可以带来更多的合作机会、支持和帮助，对个人和职业发展都有积极的影响。另外，礼貌待人有助于促进良好的沟通和理解。当我们以尊重的态度倾听他人的观点和意见时，能够建立起有效的沟通渠道。这种互相理解和尊重的氛围有助于减少误解和冲突的发生，提高团队合作和协作的效率。再者，礼貌待人是展示个人形象和品德的重要方式。我们通过表现出礼貌，可以展示出对他人的尊重和关心，以及对社会价值观的认同。这种良好的品德和形象将为我们赢得他人的赞赏和信任，同时也对建立自尊心和自信心产生积极的影响。最重要的是，礼貌待人可以培养社会责任感。我们通过尊重他人、关心社区和积极参活动，可以意识到自己作为社会成员的责任和影响力。这种社会责任感将激励我们更积极地参与社会事务，为社会作出积极的贡献。

（四）如何做到礼貌待人

礼貌待人具有重要的意义，那么，作为大学生的我们，在日常生活和学习中如何做到礼貌待人呢？

在日常生活中，我们可以以微笑和问候开始与他人的接触，展示出友好和善意。应该尊重他人的意见和观点，倾听他人的发言并给予合适的回应。当然，言辞和行为的礼貌也至关重要。我们应避免冒犯和伤害他人的感情，用恰当的方式表达自己的想法。此外，我们应尊重他人的个人空间和隐私，避免侵犯他人的权益。

在学习生活中，我们应尊重教师和同学，遵守学校的规章制度和学术道德准则。在参与课堂讨论中，应该尊重他人的发言权，并在表达自己观点时注意措辞。与同学合作时，应倾听他人的观

点和意见，给予他们充分的表达空间，避免打断他人的发言，尊重不同的观点，避免歧视或偏见。

"礼貌是一种小小的投资，却能获得巨大的回报"，它不仅对个人的社交关系和发展有积极影响，还能塑造个人形象和品德，培养社会责任感，并为建立和谐社会作出贡献。作为大学生，我们要在日常生活中实践礼貌，并建立积极的人际关系。重要的是要牢记尊重、关心和善意的原则，以及对他人权益和感受的尊重，从而树立起良好的形象，获得他人的尊重和支持，以及建立持久的人际关系。

五、律己宽人

律己宽人是指对自己要求严格，对他人宽容厚道。其内涵既有严以律己又有宽以待人，这一理念体现了换位思考的精神，通过深入观察他人，为他人着想，理解他人的感受，彼此产生共鸣，增进友谊。这种思想体现了人与人之间的呵护、体贴，有助于建立稳定和谐的人际关系。

律己宽人对个人和社会都具有深远的影响。许多流传至今的故事和案例，对这一重要的人生哲理作了生动阐释。早在宋代陈亮《谢曾察院启》、明代儿童启蒙书《增广贤文》中就有律己宽人的说法。中国古代官员历来讲究恕道，律己宽人则是不少古代官员的处世哲学理论。

（一）律己宽人的作用

律己宽人是在约束自我和控制自我的基础上，维持道德底线，宽容地对待他人。我们应该时时刻刻审视自己的作风和树立正确的思想，敢于自我批评和自我反思、并且树立正确的人生观、价值观，坚守做人的准则和道理，不要违背利益而忘记初心使命。律己宽人的作用包括：

（1）促进个人成长。通过严格要求自己，个人可以不断改进，提升自己的能力和素质。这种智慧不仅适用于个人的成长和发展，也适用于家庭教育、团队协作、职场等。

（2）维护人际关系和谐。通过宽容与严厉共存互补，同时运用律己宽人的思想理念理解对待他人，可以减少矛盾和冲突，增进相互之间的信任和尊重，从而维护和谐的人际关系。

（3）提升个人道德修养水平。我们常常在学业、事业上面临各种困难与挑战，因此我们必须努力提升个人道德修养水平，对道德人格进行自我锤炼、自我改造，以达到理想境界。

（4）促进社会和谐。促进社会和谐的重要方式就是要以律己宽人的思想去严格要求自己和宽容他人，增进人与人的沟通和理解，从而减少矛盾，形成和谐稳定的社会状态。

（二）如何做到律己宽人

律己宽人是一种自我要求和自我约束的行为方式，它不仅体现在遵守社会规范和法律法规上，更在于内心深处的自我管理和自我控制。要做到严于律己，可以采取以下方法：

（1）自律。这包括遵守时间管理、财务管理、情绪管理等自我管理原则，以及保持不断挑战自我、超越舒适区的精神。

（2）自我激励。设定目标并付诸行动，通过不懈努力实现自我价值。

（3）坚持。培养良好的习惯，戒掉不良习惯，比如坚持早起

或睡前不使用手机等。

（4）专注。提升专注力，例如利用舒尔特法则或4-7-8呼吸法。

（5）规划。提前规划学习内容，包括合理的时间作息表，短期、中期、长期目标等。

（6）遵守规章制度。在学校中，遵守课堂、自习室、宿舍、食堂等场所的规章制度，尊重师长，维护校园环境。

（7）知法懂法。学习法律知识，明确自己的权利和义务，依法行事。

（8）守法用法。用道德规范和法律义务来约束自己的行为，增强法治意识。

（9）正衣冠，讲务实，多宽容，敢决断，常自省。这些是做人的基本原则，有助于树立良好的个人形象和提高个人素质。

第三节　德才兼备

一、学习适应能力

（一）什么是学习适应能力

学习适应能力是指在面对学习过程中的新知识和技能时，能够快速融入环境，积极调整自我，有效地应对变化与挑战的能力。这种能力包括自我调节、自我激励、批判性思维、解决问题、学习策略运用以及知识获得等方面。

在学习过程中，我们需要不断地面对新的环境和情境，良好的适应能力可以让人更好地与他人相处，处理好人际关系，更好地沟通和合作。例如，新学期可能会面临换老师、换学校等情况，我们需要快速调整好心情，尽快适应变化。此外，学习适应能力也是教育者和企业管理者在培养和招聘员工时非常重视的一种能力，它使个人能够在不断变化的环境中保持稳定的工作表现，并有可能赢得更多的机遇和更好的发展空间。

（二）怎样提高学习适应能力

1. 提升心理素质

保持积极的心态，遇到困难时不沮丧，增强解决问题的信心。可以通过学习心理辅导知识或寻求心理咨询帮助来培养积极心态。通过运动、冥想、呼吸练习等方式缓解压力，提高抗压能力。

2. 掌握学习方法

制定明确的学习计划，合理安排学习时间，提高学习效率。拓展学习资源，利用图书馆、网络等多种渠道获取学习资源，了解学科前沿动态，激发学习兴趣。

3. 加强人际交往

主动参与社交活动，如社团、志愿服务等，扩大交际圈。学会与他人合作，通过团队项目、小组讨论等方式培养合作精神，提高团队协作能力。

4. 增强身体素质

通过锻炼身体，如长时间的有氧运动（如慢跑、游泳等），提高身体素质，更好地适应外部环境。

5. 多阅读、多学习

通过阅读和学习了解更多的知识和信息，提高思维能力和适

应能力，更好地应对生活中的挑战。

6. 增加社交活动

通过参加不同的社交活动，了解不同的人群和文化，增强交际能力和人际关系，更好地适应不同的环境。

（三）学校采取的措施

1. 鼓励学生树立目标与信念

教育工作者和家长鼓励学生树立远大的目标和积极的信念，让他们相信自己能够克服困难并取得成功。这样的信念将帮助学生建立起自我激励和自我驱动力。

2. 引导学生培养乐观的态度

教育工作者可以通过引导学生从积极的角度看待问题，培养学生乐观的态度。例如，鼓励学生积极思考，并提供积极的反馈和支持。

3. 培养学生的自信心

教育工作者和家长应该鼓励学生相信自己的能力，并提供适当的支持和赞美。学生在面对新挑战时，会更有自信心让他们应对困难和压力。

4. 提供多样化的学习环境

为了培养学生的适应力，学校提供多样化的学习环境，包括不同的教学方法、学习资源和课外活动。通过多元化的学习方式，学生可以面对不同的挑战和刺激，锻炼适应能力。例如，教师采用小组合作学习的方式，让学生们在团队合作中学会沟通、协作，提高解决问题的能力。

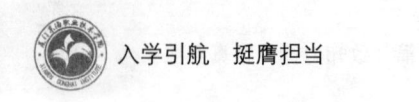

（四）未来的规划

1. 学习是规划的基石

学习是人类进步的阶梯，也是规划自己未来的基石。通过学习，我们可以不断提升自己的能力和素质，拓宽视野，开阔思维。学习可以帮助我们认清自己的兴趣和优势，并不断完善自己的知识结构。只有拥有丰富的知识和技能储备，我们才能更好地规划未来的发展方向。

2. 明确目标，规划未来

规划自己的未来需要明确的目标。我们应该对自己的未来有清晰的规划，知道自己想要成为什么样的人，做什么样的事。通过制定明确的短期目标和远景目标，我们可以在学习过程中有针对性地选择学习内容和方法，提高学习效果。

3. 广泛学习，开拓视野

学习不应局限于某一领域，而是应该广泛涉猎各种知识和技能。通过广泛的学习，我们可以开拓自己的视野，增强综合素质。不同学科之间的交叉学习可以激发创新思维，培养多元化的能力。比如，一个管理岗位的职业人员，除了需要掌握专业的管理知识，还应该了解市场营销、财务等相关知识，以便做出更全面的决策。

4. 注重实践，提升能力

学习应该与实践相结合，注重能力的实际运用。理论学习固然重要，但只有通过实践，我们才能真正将学到的知识转化为能力。实践可以帮助我们发现自己的不足，并及时调整学习和规划。无论是在学校还是在工作中，我们都应该积极参与实践活

动，锻炼自己的能力。

5. 持续学习，不断进步

学习是一个持续的过程，而非一时的努力。在规划自己的未来时，我们应该保持持续学习的心态，不断精进自己的知识和能力。随着社会的不断变化，新的知识和技能层出不穷，只有通过不断学习，我们才能适应新的环境和需求。

二、环境适应能力

第一次离家远行、进入校门的那一刻，就是大学生独立处事的开始，而新生想要尽快适应大学生活，尽快熟悉校园环境与校园文化是不可忽视的。进入大学后是否能快速地熟悉校园环境，也决定了新生是否能尽快适应新环境下的生活和学习。

（一）大学生适应环境的重要性

环境适应能力是指个体在面对环境变化时，能够有效地调整自己的行为和态度，以适应新环境的能力。对于大学生来说，适应校园环境的重要性不言而喻。大学是一个全新的环境，与之前的学习和生活环境有很大的不同。大学生需要适应新的学习方式、生活方式、社交方式等，这些变化可能会带来一些挑战和困难。因此，具备良好的环境适应能力，可以帮助大学生更好地适应大学生活，实现自己的学业和人生目标。

适应环境可以帮助大学生更好地融入集体。大学生活是集体生活，需要与不同背景、不同性格的人相处。如果大学生能够积极适应校园环境，主动与同学们交流互动，参加各种社团活动，就能够更快地融入集体，建立起良好的人际关系。

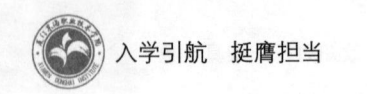

适应环境可以提高大学生的学习效率。大学的学习方式与中学有很大的不同，需要更多的自主学习和自我管理。如果大学生能够适应这种新的学习方式，合理安排自己的学习时间，提高自己的学习效率，就能够更好地掌握专业知识，为未来的职业发展打下坚实的基础。

适应环境可以帮助大学生更好地应对挑战和困难。大学生活中难免会遇到各种挑战和困难，如学业压力、人际关系问题、就业压力等。如果大学生能够适应环境，具备应对挑战和困难的能力，就能够更好地应对这些问题，保持积极向上的心态，迎接未来的挑战。

适应环境对于大学生的成长和发展具有重要的作用。大学生应该积极提高自己的环境适应能力，勇敢面对变化和挑战，不断学习和成长。通过建立良好的人际关系、提高自我管理能力、培养灵活的思维模式等方式，大学生可以更好地适应环境，实现自己的学业和人生目标。

（二）如何适应新的校园环境

新生入校后，面对大学陌生的环境，且因为离开了家人亲朋的关爱和照料，远离熟悉的家庭环境而产生失落感或孤独情绪，许多新生会产生心理不适应的感觉，容易出现水土不服的情况，导致身体不适。

对于远离家乡来上学的新生而言，有着对于大学新生活的渴望，也会有难以避免的环境陌生感和远离家人的孤独感等。不同环境下成长的每一个人，对于陌生环境的适应自然会有一些差别，这些差别都是正常的。而为了更快地适应校园生活，新生入

校后，首先要尽快熟悉校园的"地形地势"。例如亲自了解宿舍、超市、教学楼、图书馆、食堂等校内设施和部门的位置及开放的时间。不要担心迷路，可以多向学长、学姐请教，这也是熟悉校园环境最便捷的方法。陌生感减少了，生活就会更加便利，加上对于规章制度的了解加深，刚入学时的困惑或孤独等感受也会慢慢消失。

（三）如何适应语言环境

许多新生初到大学，听不懂本地方言或者听不懂新同学的普通话、地方话，造成沟通不畅，加之离开自己的中学密友或玩伴，一下接触新的室友、同学，因彼此不了解而感到无助和产生不信任感。

在大学应尽量使用普通话。大多数同学由不同的地区考入大学，入学时普通话水平参差不齐，这样不仅容易因交往的不顺对自尊心和自信心产生负面的影响，也容易影响人际交往的质量，甚至影响生活中的其他方面。因此，大学新生尽快适应语言环境是十分重要的。

在日常的生活和学习中，向普通话好的同学学习，利用手机、电脑等设备，学习标准的发音，不断提高交流的质量。此外，掌握一些常用的方言也有利于适应环境。在与当地人打交道的过程中，可避免"欺生"现象。尽快适应语言环境，也更加利于自身角色的转变和新环境的适应。

（四）如何适应校园外的社会环境

到异地求学就意味着踏入另一个社会环境，交通工具、美食、景点、商场等都要逐步熟悉，否则会影响自己在新环境中的生活。

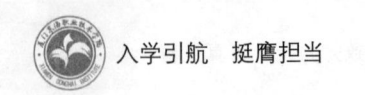

那么，究竟怎样才能很好地适应校园外的社会环境呢？

首先要主动接触当下的社会环境。把自己关在校园里闷头读书或在宿舍玩手机，对外面的世界不闻不问、闭目塞听，是很难适应社会环境的。勇敢地走出"象牙塔"，到校外看一看，不逃避现实，有明确的学习生涯规划，有目的地进行一些社会实践活动，参加学生部门社团，从而清楚自己在这个社会环境中的定位。审时度势，有条件的选择改造环境的条件，无条件的选择改造自身的办法，放弃幻想，认清现实，努力奋斗！

三、人际交往适应能力

有朋自远方来，不亦乐乎？大学校园生活中接触到的老师、同学都来自五湖四海，大家的生活习惯、饮食文化等存在差异，在大学生活中每位学生都离不开集体生活，这时人际沟通在生活中起着关键作用。人际沟通绝对不是小事，校园生活中时刻都离不开人际沟通，可以说，人际沟通能力会直接影响同学的生活和发展。一个人的人际沟通能力越强，结识的同学就越多，交际面就越广，就会建立更多的同学关系，大学生活也更加精彩。这就要求我们在人际交往过程中要掌握人际沟通的基本原则和学会情绪的自我调节。

（一）沟通的基本原则

1. 尊重原则

尊重的需求包括自己的重要性和获得别人尊重的需求。人们一方面要感到自己的重要性，另一方面也必须获得他人的认可，包括他人给予尊重、赞美、赏识和承认地位。不是所有沟通都能达成共识，观点冲突、意见相左是常有的事。我们要学会尊重差

异，不要马上就否定对方的观点。智者千虑，尚有一失，我们更应时常抱着谦虚的态度对事对人。甚至在必要时，我们可以示弱，做个陪衬，突出一下他人，这也是对他人的尊重。

2. 理解原则

己所不欲，勿施于人。促进理解的最佳方式是站在对方的角度看问题。当不知道他人的想法和需要时，不妨换位思考，设身处地地想一想。因为人的想法和需要，往往是由其身份和所处的位置决定的。在人际沟通中，凡事要多问自己几次"如果我是他，那么……"，你就不难理解对方的做法了，这样才比较容易赢得他人的信任和好感。多站在对方的立场上考虑问题，还会避免很多误解和摩擦，也容易达成共识。

3. 赞美原则

不吝啬赞美和鼓励，我们会得到更多的朋友。人们除吃饱穿暖和必要的安全保障外，还渴望被人重视；通过赞美和鼓励，人们能获得这方面的满足。即使是那些从事最不起眼的工作的人也渴望得到别人的肯定。无论是谁，都会有某些值得称赞的优点。通过赞美我们可以使他人感到快乐而不给我们自己造成任何损失，既然如此，我们为什么不这么做呢？富兰克林始终遵循一个处世原则："不说别人的坏话，只说别人的好处。"

4. 真诚原则

有人做过一个统计：从描述人品的词语中选出被认为最重要的几个。"真诚"排在了第一位。崇尚真诚是时代的主旋律。真诚既然是人心所向，在沟通中我们更应该坚持它。沟通最基本的心理保证是安全感，没有安全感的沟通是难以发展的。只有抱着真诚的态度与人沟通，才能引起感情的共鸣；用真诚去沟通，会达到意想不到的效果。一个人尽管不善言辞，但有真诚就足够了，没有什么比真诚更能打动人。真诚不仅表现在语言上，更体现在行动上，沟通也是一种行动。

5. 宽容原则

宽容是一种胸怀、一种自信、一种修养，也是一种人生境界。宽容能够使自己对别人的言行给予理解、尊重，不轻易把自己认为"正确"或者"错误"的东西强加于他人。我们虽然有不同意别人的观点或做法的时候，但应该学会尊重别人的选择，给予别人自由思考和选择的权利。

宽容会带来自由。胡适先生曾说过，"如果大家希望享有自由的话，每个人均应采取两种态度：在道德方面，大家都应有谦虚的美德，每人都必须持有'自己的看法不一定是对的'的态度；在心理方面，每人都应有开阔的胸襟与兼容并蓄的雅量来容纳与自己不同的意见"。换句话说，采取了这两种态度以后，你会包容我，我也会包容你，这时大家都享有自由了。

宽容是建立良好人际关系的法宝。清末著名商人胡雪岩就是宽容大度的典型代表。钱庄生意兴隆时，那些在他落魄时不见踪影的朋友纷纷现身，请求投资或重修旧好，对此，胡雪岩一概没有拒绝。这种宽容大气，带来了人气，人气就是面子，面子就是本钱。

6. 互动原则

沟通是双方互动的，不是一方的事情，需要双方共同参与。有传递有反馈，有说有听，才有双方意见的交流，双方才能在来

来回回的互动中达成共识。那么,如何实现互动呢?

共享说话权力是互动的前提。在与他人交谈时口齿伶俐固然是件好事,但是用之过度,独自一人滔滔不绝地大发议论,可就不识趣了。谈话是不该一个人唱独角戏的,每个人都有表现的本能欲望。所以,共同支配谈话的时间对沟通尤为重要。尽可能长话短说,言简意赅,给别人说话的时间,听听别人的意见,既是对对方的尊重,也会让自己有所收获。美国前总统克林顿就说过,他在倾听别人谈话时能学到很多东西。还有在交流时,不可只谈论自己,更不可自我吹嘘,这种炫耀会影响你的形象,必要的神秘感反倒会增加你的魅力。

沟通从"你"开始。不要只顾谈论自己,尤其在众人聚会的场合里,最糟的莫过于将所有话题集中在自己身上。只要场合及逻辑清楚,尽可能用"你"做每个句子的开头,这样会立刻抓住听者的注意力,同时能得到他人正面的回应。

要想得到对方的反馈,促进双方深入沟通交流,需要有一定的策略。例如,在与人接触前,花点时间了解一下对方的背景,这样一见面,共同的话题就源源不断,谈话自然让对方兴趣盎然。在这种氛围中,沟通就能更顺畅。

如果对方拒绝沟通,那么可以采取以退为进的策略,从而达到目的。威森为一家画室推销草图,他经常去拜访一位著名的服装设计师,设计师从不拒绝接见,但也从来不买他的东西。威森在一次次失败后,改变了思路。他把未完成的草图带到设计师的办公室。"如果您愿意的话,希望您帮我一个小忙。"他说,"这是一些尚未完成的草图,能否请您告诉我,我们应该如何把它们完成才能对您有所帮助？"设计师默默地看了那些草图一会儿，然后说："把这些图留在我这里几天，然后你再回来见我。"三天以后威森又去了，他获得了设计师的一些建议，取了草图回到画室，按照设计师的意思把它们修饰完成。结果呢，草图全部被接受了！

（二）情绪的自我调节

1.保持头脑冷静

无论遇到什么事都要保持头脑冷静，这是至关重要的。冷静的头脑可以使人理智地去思考问题，而不至于有过激行为。不能使人冷静的情绪是"激动"。人们常常用这样的话来劝慰心脏病患者："不要太激动，这对心脏不好。"不仅对心脏病人如此，即使健康的人，因暴怒、狂喜和恐惧而引起情绪激动时，肾上腺分泌的大量肾上腺素也会产生呼吸加速、心跳加快、血压和血糖升高等生理反应，严重的还会导致器官供血不足、组织损伤，从而危及身心健康，甚至危及生命。

情绪激动常使人丧失理智，而在冲动之下做出遗憾终身的事。人难免会情绪激动，关键在于如何正视它，保持冷静的头脑，把激动的情绪控制住。当发觉自己异常激动时，我们应运用正确的方法加以处理，具体方法如下：

一是要"冷处理"，不要马上将自己的情绪爆发出来，而是通过一些轻松的活动缓解激动情绪，使其逐渐平息。

二是要求自己表现出愉快的样子，并想象一种愉快的情境，使紧张的情绪得到放松。

三是要换位思考，就是从积极的角度重新认识引发不良情绪

的事件，从而得出新的结论，使自己获得新的平衡。例如，"就当交学费吧""遇坏运，好运正等着呢"。

四是要学会自嘲，对自己的缺陷、无知或者狼狈的模样进行自嘲，从而缓解精神上的压力，达到稳定情绪的目的。

2. 拥有良好心境

追求快乐是人的天性，人要有好的心境。卡耐基说过："拥有好心境的人，才是真正的富力有者。"

要拥有好的心境，就要正确地评价自己。我们要保持自己的本色，善用自己的天赋，建立自己的乐园。道格拉斯·马罗奇的《做最好的自己》是这样写的：

如果你不能成为山巅上一棵挺拔的松树，

就做一棵山谷中的灌木吧！

但要做一棵溪边最好的灌木。

如果你不能成为一棵参天大树，

那就做一片灌木丛林吧！

如果你不能成为一丛灌木，

何妨就做一棵小草，

给路旁带来一点生气。

如果你做不了麋鹿，

就做一条小鱼也不错！

但应是湖中最活泼的一条！

我们不能做船长，总得有人当船员，

不过每人都得各司其职。

不管是大事还是小事，我们总得完成分内的工作。

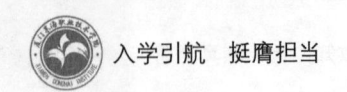

做不了大路，何不做条羊肠小道；

不能成为太阳，又何妨当颗星星。

成败不在于大小——只在于你是否已尽所能。

四、创新能力

（一）创新能力的内涵

创新能力是个体或组织在面对挑战时所展现的独立思考、灵活应对、创意表达、团队合作、风险承受和持续学习等能力。它不仅包括勇于挑战传统观念、提出新颖解决方案的能力，还涵盖适应变化、与他人合作、承担风险、不断学习的素养。具备创新能力的个体和组织能够在竞争激烈的环境中脱颖而出，推动社会进步和发展。

（二）创新能力的作用

1. 推动社会进步

创新能力促使个体和组织提出新颖解决方案，推动科技、经济、社会等各领域的发展，推动社会不断向前发展。

2. 增强竞争力

具备创新能力的个体和组织更具竞争力，能够在激烈的市场竞争中脱颖而出，保持持续的创新优势。

3. 灵活应对挑战

创新能力使个体和组织能够灵活应对变化和挑战，找到新的解决方案，克服困难，实现自我突破和进步。

4. 促进个人成长

培养和提升创新能力有助于个人不断学习和成长，开拓视

野，提高问题解决能力和创造力。

5.激发潜力

创新能力可以激发个体和团队的潜力，激发创造性思维和想象力，推动个人和组织不断创新和进步。

总之，创新能力是当今社会中非常重要的一项能力，具有推动社会进步、增强竞争力、灵活应对挑战、促进个人成长和激发潜力等多重作用。通过培养和提升创新能力，个体和组织能够更好地适应变化，实现持续创新和发展。

（三）创新能力的重要性

在当今快速变化的社会和竞争激烈的就业市场中，创新能力是一项宝贵的资产。创新能力不仅是推动社会进步和经济发展的动力，也是推动科技、经济和社会发展的重要引擎。社会和行业的需求不断变化，作为未来的社会中坚力量，大学生的创新能力将对社会的发展产生积极影响。此外，培养创新能力可以帮助我们发展批判性思维、问题解决能力和创造力。这些能力在职场中非常宝贵，可以帮助我们在工作中脱颖而出，提升职业竞争力。通过创新实践，我们可以发现自己的优势和潜在能力，培养自信心和勇于尝试的精神。

（四）如何培养创新能力

大学生培养创新能力是非常重要的，那么如何培养自己的创新能力呢？可以从以下四个方面入手：

1.培养好奇心和探索精神

好奇心是创新的源泉。苹果公司的创始人之一乔布斯就是凭着强烈的好奇心和对设计的追求，不断探索技术和提升用户体验感，引领了苹果公司在数码产品领域的创新。大学生应该培养对世界的好奇心，对新事物、新知识和新领域保持开放的态度。可以通过广泛阅读、参与讨论和参加活动等方式来扩展自己的知识和眼界，激发求知欲。好奇心驱使着人们提出问题并主动寻找答案。大学生应该培养提问的能力，学会思考和挑战现有观念和知识。通过在课堂上积极参与讨论，与教师和同学交流观点，也可以通过独立研究和自主学习，来探索问题的答案。

2. 多角度思考和交流

多角度思考和交流是培养创新能力的关键要素之一。作为大学生，要学会从不同的角度思考问题，培养系统思维和综合思维能力。第一步是要学会提出问题。不仅要问自己问题，还可以与他人讨论或参与多学科的团队项目。通过提出不同角度的问题，可以激发对问题的深入思考，并从不同的视角探索解决方案。经常与他人交流和合作，听取不同的观点和意见，从中获取灵感和启发。通过与他人的互动，更能激发创新的灵感。比如可以多参与团队集体活动，通过与组员合作，共同探讨问题并寻找解决方案。团队中的每个成员可能有不同的专业知识和视角，通过集思广益，可以从多个角度思考问题，并形成创新的解决方案。居里夫人是一位杰出的科学家，她通过与其他科学家的合作和交流，积极探索不同学科的知识。这使她能够从多个角度思考和研究放射性元素，最终两次获诺贝尔奖，并为现代物理学和医学的发展作出了巨大贡献。

3. 不断学习和自我反思

创新是一个不断进步的过程。保持学习的态度，持续关注新

技术和新观念。定期进行自我反思，总结经验，找到自己的不足和改进的方向。不断提升自己的能力和素质，为创新打下坚实的基础。托尼·罗宾斯曾经说过："学习并不是为了适应改变，而是为了创造改变。"作为大学生，要保持好奇心和求知欲，主动追求新的知识和信息。阅读书籍、参与课外活动、参加学术讲座等都可以帮助不断拓宽知识领域，激发创新灵感。同时，还可以积极探索不同学科领域的知识，并将其整合在一起。跨学科的学习可以获得不同的视角和思维方式，促进创新思维的形成。"吾日三省吾身"，我们要定期回顾自己的学习经验和成果，思考自己的优点和改进的空间。通过反思，可以发现自己的创新能力在哪些方面表现得好，以及如何进一步提升。而当面对失败和挑战时，要进行深入的自我反思，分析失败的原因，思考如何改进和应对类似的情况。将失败视为学习的机会，从中获得经验，并将其应用于未来的创新实践。

4. 实践和实验

"实践出真知"，作为大学生，可以通过实践和实验来培养自己的创新能力。实践性的学习方法可以帮助我们将理论知识应用于实际情境，并培养解决问题和创新思维的能力。在平时的学习生活中，我们可以积极参与实习实训、创业活动等实践活动，通过实际操作和观察来探索问题和验证解决方案。另外，参加创新竞赛，通过自己的创意和项目来实践创新能力。这种实践不仅可以提供实际的创业经验，还能够锻炼创新思维、团队合作和解决问题的能力。在课余，可以参与社会实践和志愿者活动，通过与社区和组织合作解决实际问题，培养创新能力和解决问题的技巧。这种实践不仅可以提供实际的经验，还能够培养我们的领导能力和团队合作精神。英国著名航海家艾伦·穆拉利通过参与环保组织的志愿者活动，深入了解海洋污染问题，并提出了"循环经济"的概念。正是她的实践经验激发了她的创新思维，最后她成为循环经济领域的倡导者和创新者。

五、团队精神

（一）团队的意义

团队是指一群互助互利、团结一心、为统一目标和标准而坚毅奋斗的人。团队不仅强调个人的业务成果，更强调团队的整体业绩。团队是在集体探讨和决策以及信息共享和标准强化的基础上，强调通过队员奋斗得到成功果实，这些果实超过个人业绩的总和。

（二）团队精神的概念

团队精神是个人在实现自身志向的过程中，认识到自身与组织成员的统一性和不可或缺性，自觉以组织利益和目标为重，并不断完善和发展自我，自愿主动与组织成员协作，使大局意识、协作精神、服务精神和奉献精神得到有机的统一。其核心是协同合作，最高境界是全体成员的同心、合力，反映的是个体利益和整体利益的统一，并进而保证组织的高效率运转。它是全部成员的志向、价值观、道德标准、工作看法的整合及其在组织纪律、作风等方面的详细体现，其精神内涵就是学会做人、学会做事。团队精神的形成并不要求团队成员牺牲自我，相反，挥洒个性、表现特长保证了成员共同完成任务目标，而明确的协作意愿和协

作方式则产生了真正的内心动力。

（三）团队精神的作用

1. 目标导向功能

团队精神能够使团队成员齐心协力，拧成一股绳，朝着一个目标努力。对团队中的个人来说，团队要达到的目标即是自己必须努力的方向，从而使团队的整体目标分解成各个小目标，在每个队员身上都得到落实。

2. 团结凝聚功能

任何组织群体都需要一种凝聚力。传统的管理方法是通过组织系统自上而下的行政指令，淡化了个人感情和社会心理等方面的需求。团队精神则通过对群体意识的培养，通过队员在长期的实践中形成的习惯、信仰、动机、兴趣等文化心理，来沟通人们的思想，引导人们产生共同的使命感、归属感和认同感，逐渐强化团队精神，产生一种强大的凝聚力。

3. 促进激励功能

团队精神要靠每一个队员自觉地向团队中最优秀的成员看齐，通过队员之间正常的竞争达到实现激励功能的目的。这种激励不是单纯停留在物质的基础上，而是要能得到团队的认可，获得团队中其他队员的认可。

4. 实现控制功能

在团队里，不仅队员的个体行为需要控制，群体行为也需要协调。团队精神所产生的控制功能，是通过团队内部所形成的一种观念的力量、氛围的影响，去约束、规范、控制团队的个体行为。这种控制不是自上而下的硬性强制力量，而是由硬性控制转向软性内化控制；由控制个人行为，转向控制个人的意识；由控制个人的短期行为，转向对其价值观和长期目标的控制。因此，这种控制更为持久且更有意义，而且容易深入人心。

（四）团队精神的重要性

（1）团队精神能推动团队运作和发展。在团队精神的作用下，团队成员产生了互相关心、互相帮助的交互行为，显示出关心团队的主人翁责任感，并努力自觉地维护团队的集体荣誉，自觉地以团队的整体声誉为重来约束自己的行为，从而使团队精神成为团队自由而全面发展的动力。

（2）团队精神培养团队成员之间的亲和力。一个具有团队精神的团队，能使每个团队成员显示高涨的士气，有利于激发成员工作的主动性，由此形成集体意识、共同的价值观、高涨的士气、团结友爱的氛围，团队成员才会自愿地将自己的聪明才智贡献给团队，同时也使自己得到更全面的发展。

（3）团队精神有利于提高组织整体效能。通过发扬团队精神，加强建设，能进一步防止内耗。

（五）团队精神的培养

团队精神日益成为团队文化的一个重要因素，它要求团队分工合理，将每个成员放在适合的位置上，使其能够最大限度地发挥自己的才能，并通过完善的制度、配套的措施，使所有成员形成一个有机的整体，为实现团队的目标而奋斗。团队精神的培养需要从以下几个方面入手：

（1）明确提出团队目标。目标是把人们凝聚在一起的力量，是鼓舞人们团结奋斗的动力，也是督促团队成员的标尺。要注意

用切合实际的目标凝聚人、团结人，调动人的积极性。

（2）健全团队管理制度。管理工作使人们的行为制度化、规范化。好的团队都应该有健全完善的制度规范，如果缺乏有效的制度，就无法形成纪律严明、作风过硬的团队。

（3）创造良好的沟通环境。有效的沟通能及时消除和化解成员之间的分歧与矛盾。因此，必须建立良好的沟通环境，以增强团队凝聚力，减少内耗。

（4）尊重每一个人。尊重人是调动人的积极性的重要前提。尊重团队中的每一个人，人人都感受到团队的温馨。

（5）引导成员参与管理。每个成员都有参与管理的欲望。正确引导和鼓励，就会使团队成员积极为团队发展出谋划策，贡献自己的力量与智慧。

（6）增强成员全局观念。团结出战斗力。团队成员不能计较个人利益和局部利益。团队中成员之间的关系，一定要做到风雨同行、同舟共济。没有团队合作的精神，仅凭一个人的力量无论如何也达不到理想的工作效果；只有通过集体的力量，充分发挥团队精神，才能使工作做得更出色。

大学阶段是大学生由学校进入社会的重要纽带，大学生的团队精神如何将直接关系到个人的成长，对民族的未来也会产生深远的影响。高校教育管理者应高度重视这一问题，不断探索新形势下大学生团队精神培养的新理论、新思路和新方法，为向党和国家输送合格的社会主义现代化建设人才作出贡献。

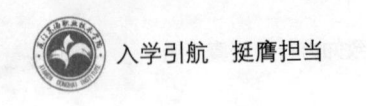

第四节　自信担当

一、志愿服务与政策

为深入学习宣传贯彻党的二十大精神，全面落实习近平总书记关于志愿服务系列重要指示精神，进一步落实"全团抓思想政治引领""全团抓基层""全团抓学校"的工作部署，推动青年志愿服务融入高校"三全育人"格局，提升高校团组织引领力、组织力、服务力和大局贡献度，共青团中央发布《高校共青团青年志愿服务工作指引（2022年版）》。该工作指引指出青年志愿服务是高校共青团立德树人、实践育人的重要载体，是青年学生服务社会、成长进步的重要方式。我校团委积极响应团中央关于大学生志愿服务工作的安排，大力推进学校志愿工作落实落地。

（一）志愿服务

1.志愿服务相关政策

国家一直以来高度重视志愿服务工作，出台了许多政策文件来鼓励和规范志愿服务活动。如《志愿服务条例》明确了志愿服务的定义、组织形式和管理制度，旨在构建和谐社会，推动志愿服务事业的发展。突出高校青年志愿服务的政治属性和育人功能，围绕高校青年志愿服务组织、队伍、项目、制度、保障和文化等要素，完善实践育人长效机制，提升高校青年志愿服务整体活力和育人成效。发挥《高校志愿服务指标体系（试行）》牵引作用，

到2023年底，全国高校基本建成组织健全、队伍精干、项目丰富、制度完善、保障有力、文化氛围浓厚的青年志愿服务工作体系。

2. 志愿服务的意义

志愿服务可以提升个人的社会责任感和服务能力，同时为社区和社会解决实际问题提供帮助。通过志愿服务，可以增进人与人之间的理解和尊重，构建和谐的社会关系。志愿服务是高校共青团立德树人、实践育人的重要载体，是青年学生服务社会、成长进步的重要方式。高校志愿服务在青年志愿者事业中具有先导性、示范性、创新性和基础性作用。近年来，高校共青团青年志愿服务工作总体发展较好，但仍存在定位不准、特色不足、组织不强、实践育人功能弱化、主体责任不清等问题，缺乏系统的梳理和指导，亟须加强指导，明确规范。发布工作指引，有利于指导不同地域、不同类型的高校共青团青年志愿服务工作，有利于进一步提升高校共青团青年志愿服务的科学化、规范化水平，有利于推动青年志愿服务融入高校"三全育人"工作格局，促进高校共青团青年志愿服务高质量发展，提升高校团组织引领力、组织力、服务力和大局贡献度。

3. 我校志愿服务开展情况

我校2003年9月成立校志愿服务协会——"海浪青年志愿者协会"。协会通过组织和指导全校志愿者活动，提高我校学生的全面素质，为社会协调发展作出贡献。协会长期在校内外开展各项公益活动，组织学生参与各类志愿服务活动，有校内的开学迎新志愿服务活动、美化校园志愿活动，校外的马拉松志愿服务、爱心敬老院志愿服务等等。

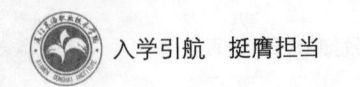

自 2003 年至今，我校志愿服务时长已达 3 万余小时，注册志愿者 2 900 余人。海浪青年志愿者协会连续获得 2013—2020 年校"先进社团"荣誉称号，2019 年获厦门市"青年五四集体奖章"等。

开学迎新活动

美化校园活动

第二篇 致知力行 崇真至善

环东半马志愿活动

爱心敬老院活动

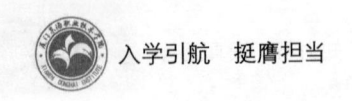

二、社会实践

（一）大学生社会实践相关政策

为深入学习宣传贯彻党的二十大精神，贯彻落实习近平新时代中国特色社会主义思想，切实发挥共青团作为广大青年在实践中学习中国特色社会主义和共产主义的学校作用，切实提升共青团实践育人质量，共青团中央、全国学联印发《关于增强新时代大学生社会实践活动实效　深化共青团实践育人工作的意见》（以下简称《意见》），就深入学习宣传贯彻党的二十大精神，进一步聚焦共青团为党育人主责主业，推动大学生社会实践活动内涵化、规范化、常态化、长效化发展进行部署安排。国家教育部门鼓励大学生积极参与社会实践活动，通过实践活动了解社会、服务社会、培养责任感和实践能力。相关政策旨在促进大学生的全面发展，加强社会服务意识。

（二）大学生社会实践意义

大学生社会实践是加强高校思想政治教育工作和实践育人工作的重要载体，参加社会实践活动能够促进大学生更全面地自我发展，促进大学生树立正确的实践观，培养良好的实践能力和创新意识。社会实践能够让学生走出课堂，直接面对社会，了解社会的需要，用所学知识解决实际问题，锻炼个人综合能力。

（三）大学生社会实践开展情况

为深入学习宣传贯彻党的二十大精神，贯彻落实习近平新时代中国特色社会主义思想，我校积极组织学生参与社区调研、文化宣传、党史教育等实践项目，与社区紧密合作，满足社区发展的需要。

2023年5月31日，在厦高校"三爱"主题教育暨"青春建功新时代　强国有我新征程"学习体验活动在集美大学启动，正式拉开2023年厦门市"三爱"主题教育序幕。

2023年6月，我校学生代表实践队参与两天"三爱"教育基层治理学习体验。在本次实践活动中，他们了解了厦门各社区的经济发展、社区建设、社区品牌等多方面内容，以及厦门的改革发展实践，感悟新时代日新月异的发展变化。

2023年8月16—18日，为积极响应"学习二十大　永远跟党走　奋进新征程""三下乡"社会实践活动，我校"东小海"暑期社会实践队来到福建省龙岩市古田镇，开展了为期3天的暑期社会实践活动。在古田，实践队追寻中国共产党在闽西地区的足迹，感受革命先辈的奋斗历程，弘扬古田会议精神。

在沙坡尾社区

入学引航　挺膺担当

在厦门经济特区纪念馆

重温入团誓词

第二篇　致知力行　崇真至善

阅读红色经典

2024年寒假，我校三支寒假实践队分别前往陈嘉庚纪念馆、路下村、高山党校、军营村等爱国主义教育基地，开展寒假社会实践活动。

（1）通过实地体验、基层宣讲等多种形式走进陈嘉庚纪念馆，寻找陈嘉庚先生办学兴学的路程，领略陈嘉庚先生的爱国之情。

（2）深入革命老区基点村——路下村，感受厦门最美古厝和非物质文化遗产。

（3）通过参加高山党校实践活动，更加深入地了解高山党校的历史发展和军营村发展历程。

入学引航 挺膺担当

在陈嘉庚纪念馆

在路下村

在高山党校

三、校地共建

（一）校地共建的含义

校地共建指的是学校与地方政府或社区建立起合作关系，通过共享资源、互利共赢促进学校和地方的发展，可以使学校和地方的建设协同发展，能使高校持续稳定地发展，也可促进地方经济建设，改善民生，还可培养学生自主创业能力和促进学生适应社会。党的二十大报告强调："教育、科技、人才是全面建设社会主义现代化国家的基础性、战略性支撑。"深入推动校地协同合作，培养高质量创新人才，是加快推进教育、科技、人才"三位一体"融合发展的重要举措。

（二）我校校地共建情况

为进一步深化校地合作，建立多维度、多框架战略合作关系，推动学校建设事业更全面融入国家经济发展主战场，2023年11月10日，"基层有我·青春报到"厦门东海职业技术学院与同安团区委校地共建合作活动在我校思源楼报告厅举行。本次共建活动强调了校地共建的重要性，提出应加强区校合作，使青年工作在地区开花结果。

2023年12月5日，我校各二级学院及各学生组织，分别前往香溪社区和垵炉村开展"国际志愿者日"活动，为社区环境建设贡献出一份青春力量，展现出了当代青年不怕苦、敢于担当的精神风貌。

今后，学校将进一步深化与地方的合作，探索新的合作模式和领域：

（1）建立合作平台。建立校地合作专门机构，以资源共享、共同发展为目标，以政府为主导，以高校为依托，形成高校支持地方经济建设、地方助推高校发展的"双赢"局面。创新校地合作的形式与途径，建立校地合作定期联席制度，通过项目对接、成果推介等形式，共建合作平台和信息交流平台，促进双方在高质量、高水平、可持续发展上优势互补，相得益彰。

（2）深化合作内容。高校发挥人才集聚优势，以智力服务为核心，以项目研发为主导，以产学研一体化为途径，加深与地方的全面合作。积极对接地方发展需求，在科研、人才、咨询决策等方面发挥学校优势，拓展深化投资合作，推进地方经济建设和高质量转型发展，做到优势互补、互惠共赢、共同发展。

总之，加强高校与地方的合作，对于实现校地双赢，促进相互发展具有十分重要的意义。在工作实践中，要通过在人才培

育、智力支撑、成果转化、创新平台建设等方面，深挖合作潜力、拓展合作内容，推进校地产、学、研协同发展，为发展地方经济赋能增势，为高校的建设发展注入活力。

校地共建合作活动

在五显镇香溪社区

入学引航　挺膺担当

在垵炉村

第三篇　拓展素质　智赢未来

第一节　理想信念是航灯

一、理想信念的含义与特征

理想信念是盏盏明灯，

皎皎光亮指引前路，

没有理想，就没有前进的方向。

在不同时代，

书写理想的方式有一万种可能，

同时也成就了一万种青春。

坚定理想信念，就是坚定信仰马克思主义。对共产主义和中国特色社会主义有坚定的信念，是中国共产党人矢志不渝的精神追求。

理想信念是共产党人安身立命的根本。理想信念对于个人，是精神支柱，是政治灵魂；理想信念对于一个政党，是干事创业

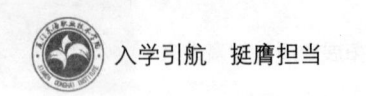

的基石,是团结奋进的精神旗帜。

形成坚定理想信念,既不是一蹴而就的,也不是一劳永逸的,而是要在斗争实践中不断砥砺奋进、经受考验,要一辈子学习进步、一辈子改造提高。

(一)理想信念的含义

理想信念是人类特有的精神现象。理想是人们在实践中形成的、对未来社会和自身发展目标的向往与追求,是人们的世界观、人生观和价值观在奋斗目标上的集中体现。

信念是人们在一定的认知基础上确立的对某种思想或事物坚信不疑并身体力行的精神状态。

(二)大学生如何形成理想信念

大学生的理想信念是建立在小学、中学教育培养基础之上的,是建立在从童年到青年成长过程中的,是建立在大学之前所见所闻所思所想的基础之上的(当然,上了大学后理想有可能发生变化),是建立在世界观、人生观、价值观的形成过程之中的。

这是人的理想的萌芽阶段,这是理想的诞生阶段。

随着社会的发展,年龄的增长,知识的积累,眼界的开阔,我们长大了,成熟了,由小学生变成了大学生,理想也会随之调整。

大学生的理想没有小学生那么稚嫩,也不一定有中学生那么伟大,大学生的理想应该更趋现实,更趋实在,更趋成熟。

(三)实现理想的路径

每个大学生、每个阶段的理想可能有所不同,但其实现路

径基本相近,就是一定要有践行和实现理想的必胜信念,不言放弃,脚踏实地,执着追求。

(1)要坚信自己的理想一定能实现,不能有一点怀疑。

(2)理想一旦确立,就应相对稳定,不能朝三暮四,这山望着那山高。

(3)实现理想不能图一时新鲜,不能只有三天的热度,紧张一阵子,半途而废。

(4)实现理想不是一蹴而就的。在追求和践行的路途中有可能一帆风顺,也有可能遇到很多困难曲折。你要相信,"不经历风雨,怎能见彩虹"。

(四)理想信念的特征

(1)高尚追求。理想信念通常是对于道德、真理和善的追求,它们是人们内心深处的崇高愿望,代表了对于美好生活和社会的向往。

(2)指导行为。理想信念是人们行为与决策的重要指导,它们在人们的生活中起到了道德、伦理和行为规范的作用。

(3)崇高价值观。理想信念代表了人们对于价值的承诺和关注,它们包括了对于人权平等、正义、自由、和谐、善良等价值观念的追求。

(4)持久性。理想信念是人们内心深处的信念,它们是对于人生和社会长期追求的结果,因此具有持久性和稳定性。

(5)社会价值。理想信念不仅是个体的内心追求,也是社会发展和进步的动力,它们在社会中具有广泛的影响力,能够引领和激励人们为实现理想而努力。

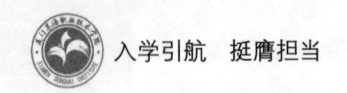

（五）大学生如何筑牢理想信念根基

新青年要筑牢理想信念根基，做到：

（1）坚信中国道路。深刻领悟中国特色社会主义道路的必然性。方向决定道路，道路决定命运。道路问题直接关系党和国家事业兴衰成败。

（2）坚守价值追求。深刻把握堪当民族复兴重任时代新人的人民性。人民性是马克思主义最鲜明的品格。

（3）坚定文化自信。文化是一个国家、一个民族的灵魂。深刻认识中国特色社会主义文化的先进性。

（六）理想信念的意义

坚定理想信念，必先知之而后信之，信之而后行之。新时代中国青年作为党和国家事业发展的生力军，要以实现中华民族伟大复兴为己任，胸怀"国之大者"、传承奋斗担当。广大青年必须深刻认识到，坚定理想信念不是一阵子而是一辈子的事，要常修常炼、常悟常进，从内心深处厚植对党的信赖、对中国特色社会主义的信心、对马克思主义的信仰，在思想洗礼、实践锻造中不断增强做中国人的志气、骨气、底气，努力创造无愧于党、无愧于人民、无愧于时代的新业绩。

▶ **看习语**

习近平总书记在纪念五四运动 100 周年大会上发表重要讲话，指出，青年是整个社会力量中最积极、最有生气的力量，国家的希望在青年，民族的未来在青年，他希望新时代中国青年要树立远大理想，树立对马克思主义的信仰、对中国特色社会主义的信念、对中华民族伟大复兴中国梦的信心，到新时代新天地中

去，让青春在创新创造中闪光。习近平总书记的重要讲话，激励着广大青年释放青春激情、追逐青春理想，肩负起国家和民族的希望，以青春之我、奋斗之我，为民族复兴铺路架桥，为祖国建设添砖加瓦。

二、理想信念对大学生成长成才的意义

每个人都有理想，都有自己想成为的人。每个人也都有信念，对自己坚信不疑，相信通过自己的努力，一定可以成功。理想信念是成功道路上不可缺少的助力，对大学生有很重要的影响。那么理想信念对大学生的成长有什么重要意义呢？

（一）理想信念可以增强大学生的自信心

有理想信念的大学生，不管什么时候，都不会自暴自弃。他们始终相信，通过自己的努力，一定可以实现自己的远大理想。理想信念可以增强大学生的自信心，帮助大学生尽快实现人生目标。

（二）理想信念给人以破釜沉舟的勇气

为了实现自己的理想，我们做了很多计划，可是付诸行动却感觉很难。这正是因为缺乏一种破釜沉舟的勇气，而理想信念能给人以勇气，催人奋进。

（三）理想信念指引大学生前进的道路

在大学学习和生活中，同学们面临很多的人生课题。比如职业方向的选择、人生目标的确立，如何交友，如何恋爱，如何克服困难等。崇高的理想信念能帮助大学生指引前进的道路，做出适当的选择。

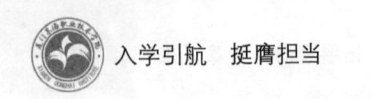

（四）崇高的理想信念帮助大学生树立正确的"三观"

人的理想信念反映的是人自身发展的期望，即想发展成为什么样的人，想走什么样的道路。崇高的理想信念能帮助大学生树立正确的人生观、世界观、价值观。

（五）理想信念事关中华民族伟大复兴

随着国际竞争日益激烈，国家间的竞争越来越体现为知识与人才间的竞争。大学生是拥有专业知识的高知群体，在未来竞争中发挥着重要的作用。理想信念事关中华民族的伟大复兴，是我国快速发展的不竭动力。

第二节 学团活动是舞台

一、团支部的工作职责

（一）班级团支部的含义

班级团支部是学校团的工作和活动的基本单位。班级团支部最经常、最直接地与广大团员青年保持密切联系。团的各项任务和各项活动都要依靠团支部去开展，去落实。它是团的一切工作的出发点和落脚点。进一步规范班级团支部工作，提高团支部的凝聚力和战斗力。

（二）团支部支委会的产生

（1）团的支部委员会由团支部大会民主选举产生，每届任期一年。改选一般在学年开始时进行。选举应在团小组讨论和充分酝酿的基础上提出候选人名单。采用无记名方式进行正式选举。

新生团支部可由辅导员同院团委协商，指定团支部临时负责人，组成临时支委会；第二学期开学后举行民主选举，产生正式支委会。团支部选举前，上届支委会要认真总结工作，向支部大会作报告，听取团员意见。

（2）团支委选举，必须在学院团总支领导下进行，选举前要报告校团委，选举后将支委会成员报校团委批准并备案。

（三）团支部支委会的设置

（1）团支委，设团支部书记、组织委员、宣传委员各1人，均由全体团员民主选举产生，原则上每届任期一学年，改选一般在学期初。

（2）支委会实行集体会议和个人分工负责相结合的原则，中心工作和重大问题的决定必须经支委集体讨论，日常工作各支委分头负责。

（3）团支委要协同班干部完成好班上各项工作。

（四）团支部工作内容

（1）思想政治工作。对团员青年进行思想教育、道德教育、纪律和法治教育。包括坚持四项基本原则教育、形势政策教育、集体主义教育、劳动教育、爱国主义教育、革命传统教育、学习目的教育和人生观教育等。

（2）宣传、执行党和上级团组织的指示和决议。团结和带领广大团员青年努力完成党交给的学习任务，配合有关部门建立正常的教学秩序和生活秩序。

（3）团的组织工作。包括团员教育和管理，团员的表彰和处分；新团员的发展；向党组织推荐优秀团员作党的发展对象；对

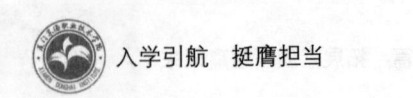

团员进行党的基础知识教育，定期向党和团组织汇报团员的思想和工作情况；建立三会一课等正常的团支部工作秩序。

（4）关心团员的思想、学习和生活。要深入了解和积极反映他们的意见和要求，帮助他们解决思想上、学习上、生活上遇到的各种困难。

（五）五四红旗团支部

1. 开展创"五四红旗团支部"活动

开展创"五四红旗团支部"活动是加强团的组织建设，活跃团的工作，提高团的战斗力，在实践中锻炼和培养团员成长的有效措施。

2. "五四红旗团支部"标准

（1）支委建设好。支委班子健全，按期换届，民主选举团支部委员会成员；支部委员会成员的政治学习制度和工作制度健全有效；实行集体领导和分工负责相结合；支部成员政治素质好，学习好，学风好，密切联系班级同学，能够全心全意为班级服务。

（2）主题活动好。能够围绕学校中心工作，围绕学生的健康成长，开展团的活动，促进班风学风建设；积极组织学生学习党的基本理论知识；积极开展课外知识学习、科技学术交流等活动，促进学生创新意识和创新能力的提高；大力开展社会实践、勤工助学和青年志愿者活动，树立社会责任感和使命感；积极开展文化、娱乐和体育活动，丰富校园课余文化生活。

（3）"推优"工作好。支部能够按照学校"推优"工作的安排，确实将支部内思想政治表现好、学习优良、在同学中有威信的同学向党组织推荐。

（4）每年召开一次表彰大会。表彰在"五四红旗团支部"活动中成绩显著的优秀团员。

（六）团支部的组织生活会

（1）团支部的组织生活制度是团组织对团员进行教育和管理的基本形式。团员在组织生活中相互教育，相互帮助，共同讨论，行使自己的民主权利，又把自己置身于组织的监督之下，这是团员和非团员的显著区别之一。组织生活会至少半个月一次，以团支部或团小组为单位举行。

（2）组织生活会的内容根据上级团组织安排并结合团支部实际情况制定。

（3）组织生活会的形式，要注意适合班上同学特点，做到内容丰富，形式多样，把思想教育寓于活动之中，切忌形式主义。

（4）组织生活会要充分准备，事先将内容和要求通知到支部每一个团员，让团员有思想准备。

（七）团支部委员会委员职责

（1）支部书记。负责召集支委会和支部团员大会，认真传达党组织和上级团组织的指示，将支部工作中的重大问题提交支委会或支部大会讨论；了解团员的思想、工作和学习情况，做好经常性的思想政治工作；抓好支委会的自身建设，认真开好支委会、民主生活会，督促和帮助各委员做好分管工作。

（2）组织委员。了解青年积极分子的情况，提出新团员发展意见，具体办理接收新团员的手续，对团员进行思想教育、纪律教育，对违纪团员提出批评处理意见；搞好团支部的组织生活、青年大学习、智慧团建录入、团员统计、组织关系转接、收缴团

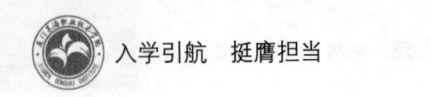

费等工作。

（3）宣传委员。组织团员青年学习政治理论、团的基础知识；根据党组织的指示和上级团组织的工作部署，开展宣传鼓动工作；及时了解团员青年的思想动态，向上级组织报送有关的信息材料；办好支部公众号等宣传阵地。

二、班委会的工作职责

（一）班委会的含义

班委会由班长、副班长、学习委员、生劳委员、文体委员、纪律委员等班干部组成。班委会各委员要各尽其职，互相协助、互相支持、互通信息，带领本班同学与时俱进、团结进取，争创优秀班集体。

（二）班干部工作职责

1. 班长：负责班级全面工作

（1）对班级工作全面负责，以身作则，团结班委，凝聚同学，带领全班同学遵守班规，搞好班级建设，努力使本班成为遵守纪律、团结向上、勤奋学习、朝气蓬勃的班集体。

（2）了解掌握本班同学的思想、学习、纪律和生活情况，主动向班主任请示和汇报工作，及时反映同学的意见和要求。

（3）配合辅导员和团支部做好本班学生的思想政治工作，发挥联系学校、老师和同学之间的桥梁纽带作用，努力完成他们交给的各项任务。

（4）督促检查全班同学执行学生一日规范及校规校纪。

（5）定期向辅导员、班委会汇报工作，不定期向全班同学通

报班级有关情况。

（6）组织本班同学准时参加年级、学校的各项活动，维持本班的纪律。

（7）主持召开班委会会议，讨论改进班级工作。

2. 副班长：协助班长完成班级管理工作

（1）副班长主抓班级的纪律检查和文体卫生工作。

（2）协助班长抓好全班各项工作。

（3）定期向辅导员汇报班级情况，提出开展班级工作的建议和意见。

（4）指导和协助其他班干部开展工作。

3. 学习委员：负责课余自主学习工作

（1）经常了解班级同学的学习情况，帮助同学解决学习上的困难，传达学校有关教学方面的各项指示。

（2）及时向班主任、任课老师反映学生对老师教学的各项建议，加强学生与老师的联系。

（3）收发科任老师布置的各项作业。

（4）注意发现同学中确有实效的学习方法，帮助同学进行总结。组织交流，不断提高全班同学的学习积极性。

（5）组织同学们晚上的自主学习，并配合纪律委员做好纪律方面的管理和记录。

4. 生劳委员：记录班费收支情况，负责教室和实训室的卫生工作

（1）督促同学保持教室整洁，不断养成整洁卫生的良好习惯；安排、检查每天的清洁区值日和其他公益劳动。

（2）负责保管教室的清洁工具，并固定放置在适当地方，以不影响教室的整洁。

（3）组织参加学校安排的卫生活动及日常后勤管理工作并做好记录。

（4）做好班上的其他工作。

5.文体委员：负责开展全班的文娱活动

（1）协助体育老师上好班级体育课。

（2）组织班级参加学校各类文体活动。如：校运会、升旗仪式等。

（3）负责文艺节目的组织、排练、演出工作。

6.纪律委员：负责班级纪律工作

（1）督促班干部完成各项工作，协助其他班干部维持班级纪律。

（2）记录各种违纪情况，发现情况及时向辅导员报告。

（3）调解同学间的矛盾。

（4）发现同学遗失物品及时报告老师并协助调查。

（5）在辅导员和副班长领导下做好班级纪律管理工作。

（三）班委会的工作职责

（1）协助团支部组织同学认真学习马克思列宁主义、毛泽东思想、邓小平理论、"三个代表"重要思想、科学发展观、习近平新时代中国特色社会主义思想以及党的各项方针政策，配合各级党团组织，对全班同学进行思想教育。

（2）贯彻和实施大学生守则、学校的各项规章制度以及上级组织的各项决议，做好学期工作计划和工作总结，培养良好的班

集体风气。

（3）了解同学的学习、生活和工作，及时发现问题，解决问题，并向辅导员汇报，做到上情下达、下情上报。

（4）帮助同学们明确学习目的，端正学习态度，并通过开展各种学习活动，培养良好的学习风气。积极开展各项文体活动，丰富和活跃同学们的课余生活，不断提高同学们的身体素质。

（5）搞好生活、卫生管理，组织好公益劳动，培养同学们爱劳动、讲文明、懂礼貌、爱护公物等良好风尚，创造良好的育人环境。

（6）组织实施学生学年鉴定、综合素质测评等评定工作。负责建立班级工作档案，做好有关工作的考评记录。

（7）密切联系各宿舍成员，及时掌握同学的心理动态，尤其关注困难同学（有学习困难、经济困难、交友困难、心理障碍、就业困难、情感困难的同学），及时给予帮助。

（8）主动配合授课老师的教学，了解同学们对课程的意见、建议和要求，及时与授课老师沟通。

三、高校学生干部应具备的素质

大学生干部是高校贯彻党的教育方针，对学生进行教育和管理队伍中的重要组成部分，是高校学生中的骨干和灵魂，也是高校校园文化建设的具体组织者。学生干部的工作水准、个人素质的高低，直接影响校园文化建设的质量和效果，也是直接影响学校各项工作能否落到实处的重要因素。大学生不仅要在生活和学习中严于律己，还要积极参与到学校精神建设、学风建设、班级建设、集体建设中来，充分发挥自身的优势，为社会发展和学校建设作出自己的贡献。学生干部应当熟练掌握学校学生工作的基本情况，在学生中起骨干示范作用，为创建良好的校风、学风，为学院、学校的发展积极贡献力量。

（一）学生干部的含义

要当好一个学生干部，首先要弄清楚"什么是学生干部"这个问题。因为，如果不清楚什么是学生干部，就肯定不清楚如何当学生干部，更谈不上当一个好的学生干部。那么，什么是学生干部呢？我认为：

首先，是学生。既然是学生，就应该践行学生的本分，做一个合格的学生。学生的本分是什么呢？评价学生的标准是什么呢？是学习。这里，学习是广泛的，既包括专业技能、文化知识的学习，又包括思想道德的学习；既包括理论上的学习，又包括实践中的学习；既包括自己的学习，又包括同学间的学习。

其次，是干部，是学生的干部。既然是干部，就应该履行干部的职责，做一个合格的干部。干部的职责是什么呢？是紧紧围绕促进学生学习这个中心，牢牢抓住培养学生成才这条主线，协助老师，带领同学，服务同学，为学校的稳定、发展作出自己的贡献；同时，也要提高自己的综合素质和能力，不仅是组织协调能力，而且要培养自己认真工作、乐于奉献的精神，也就是要在工作过程中，学会做事，学会做人，学会做干部。很多情况下，这要通过组织学生开展活动来实现。因此，组织活动就成为干部的一项重要工作，一种重要的手段，但绝对不是唯一手段。如果把开展活动作为干部的目的，把开展活动作为评价学生干部的唯

一标准,那就是手段与目的颠倒,本末倒置。

最后,是学生干部,既是学生,又是干部,两者不可分割。因此,如果只顾自己学习而不顾服务同学,这样的人可能是合格的学生,而不是合格的学生干部;如果不顾自己学习而专搞所谓的活动,或者只为自己的私利,这样的人既不是合格的学生,也不是合格的学生干部。学生干部不要变成脱离同学、高高在上、只对老师负责、不对学生负责的官僚。

总之,学生干部,首先是学生,其次是干部,最后是学生干部。他们的作用是,服务同学,提高自己,奉献学校。这样的人,就是学校、老师和同学们都欢迎的品学兼优的学生干部。

(二)学生干部应具备的素质和能力

1. 政治素质

要有坚定的政治原则,主要是指政治观点和政治立场,落实到具体工作则表现为日常的言行和面对重大政治问题的立场。学生干部在开展思想工作和各项活动中有把握方向的水平和能力。那么如何培养正确的政治观念呢?首先必须努力提高政治理论水平;其次要有敏锐的鉴别力和具有严格的组织纪律和民主作风,做事坚持原则,一切从大局出发;最后充分理解"自我管理、自我教育、自我服务"的宗旨。

2. 思想品德素质

思想品德素质,就是我们经常讲到的"德"。它是现代人素质的灵魂,也是学生干部应具备的最重要条件。良好的思想品德素质对一个人的成才与成功有着重要的作用,"有德有才是能才,有才无德是害才"。因此,作为大学生干部,首先"德"要合格,即应该要有远大的理想，有更高的思想觉悟和良好的道德品质，政治上要有强烈的上进心，积极向党组织靠拢，富有正义感和责任心，敢于同各种错误思潮和不良现象作斗争。

3. 能力素质

能力素质是学生干部综合素质的核心，主要包括组织协调能力、表达能力、收集处理信息能力、社会交往能力、团结协作能力、开拓创新能力等。学生干部是各种学生活动的决策者和组织者，组织一次活动，实施一个计划，使学生统一意志，统一行动，都需要具备一定的能力。

（1）组织协调能力

学生干部作为学生骨干和带头人，经常是各种学生活动的策划者、组织者和实施者，需要把广大同学吸引过来，组织、发动起来，充分调动一切积极因素，有时还得出面协调，争取得到上级或相关部门的支持。这都要求学生干部必须具备一定的组织协调能力。

（2）表达能力

它包括书面表达能力和口头表达能力两种。作为学生干部，经常要拟定计划、写总结报告及各种汇报材料等，没有较好的文字表达能力是很难胜任的。此外，学生干部还要经常主持会议、布置任务、发表讲话、传达指示、汇报工作等等，没有良好的口头表达能力（包括一口流利的普通话）也是难以胜任的。因此学生干部应具备以上两种表达能力。

（3）收集处理信息能力

当今社会是信息社会，作为学生干部，应善于通过网络、朋友圈、微博、抖音、广告栏等各种信息媒介，及时掌握、收集、

分析、反馈各种有效信息，做到上情下达，下情上报。既能让同学们在第一时间掌握有效信息，又能帮助老师及时了解学生平时借助于一些网络平台发表的意见或建议，做好老师与同学的桥梁或信息使者。

（4）社会交往能力

大学校园开展活动已不再局限于一个班、一个年级、一个院系，而是经常要跨年级、跨专业、跨学院甚至跨学校。学生干部不仅要经常和本班、本年级、本学院、本学校的同学合作，还得与其他班、其他年段、其他学院乃至其他学校或企事业单位等进行共建，如组织班际活动、校际活动、社会实践活动等等，还有为大型的文体、科技活动寻求赞助的工作，这都要求学生干部必须具备一定的社交能力。

（5）知人善任能力

汉高祖刘邦在总结自己取得天下的经验时说："运筹帷幄，决胜千里，我不如张良；安民镇国，保证后方安定，我不如萧何；统兵百万，战必胜，攻必克，我不如韩信。但我能大胆放心地发挥他们的长处，所以，我胜利了。"可见，能否知人善任，事关工作成效、事业成败。作为学生干部，对部下或同学的个性、特长要有充分的了解和认识，知人善任，最大限度地发挥他人的优势或长处，扬长避短，取长补短。

（6）开拓创新能力

创新是一个民族进步的灵魂，是一个国家兴旺发达的不竭动力，也是一个政党永葆生机的源泉。同样，创新是一个人进步的灵魂，是一个集体兴旺发达的不竭动力，也是一个组织永葆生机的源泉。青年工作有新的特点，要求大学生干部也应具备创新精神。大学生干部如果墨守成规，按部就班，没有一点创新精神，工作只能是被动的，开展的活动也是没有新意的，就缺乏活力和吸引力，很难适应形势的需要，也就无法与时俱进，不能开创学生工作新局面。因此，作为学生干部应领会、吃透上级组织的精神、意图，从本学院、本年级、本班级、本宿舍的实际出发，创造性地开展工作。

4. 身体素质

良好的身体素质是做好工作，搞好学习的物质基础。作为学生干部，既要集中精力搞好学习，又要抽出时间从事学生工作，还要处理好私人事务，这就意味着学生干部要比一般学生耗费更多的精力和体力，付出更多的劳动。如果没有良好的身体素质、强健的体魄，是很难胜任繁重的学习和工作任务的。因此，学生干部要积极参加体育锻炼，养成良好的学习生活习惯，增强体质，以朝气蓬勃的精神面貌去完成工作和学习任务。